SCHLACHTEN
UND WURSTEN

Herbert Feldkamp/Annegret Weilandt

SCHLACHTEN und WURSTEN

LUDWIG

Inhalt

*Dauerwürste zeichnen sich durch eine sehr
lange Haltbarkeit aus.*

Feines Kalbfleisch und Muskat sind das Geschmacksgeheimnis von Kalbsbratwürsten.

Vorwort

Skandalöse Massentierhaltungen, BSE-Skandale, Schweinepest, nicht artgerechte Fütterungsmethoden und tierquälerische Schlachtviehtransporte haben den Genuss von Fleisch in Verruf gebracht. Der Käufer ist verunsichert. Trotz aller tierärztlichen Überwachung fühlt er sich hilflos einer anonymen, Länder übergreifenden Massenproduktion ausgeliefert. Skandale, verursacht von gewissenlosen Fleischproduzenten, die mit genussuntauglichen, gequälten Tieren auf Kosten der Gesundheit Geschäfte machen, lassen den Kunden aus Angst vor gesundheitlichen Schäden teilweise ganz auf Fleisch verzichten.

Fleisch ist gesund

Fleisch ist nicht nur schmackhaft, sondern auch gesund. Der völlige Verzicht auf Fleisch ist daher ein schwerwiegender Entschluss, der trotz aller gesundheitlicher und tierschützerischer Bedenken reiflich überlegt werden muss. Denn Fleisch liefert nicht nur lebenswichtige Wirkstoffe für unseren Organismus, es hat auch wesentlichen Anteil an unserem psychischen Wohlbefinden. Dabei ist es unerheblich, ob wir Grillhähnchen auf einem Volksfest, Rehrücken in einem Dreisternerestaurant oder eine deftige Wurstplatte am Abend verzehren. Der Genuss von Fleisch kann nicht nur den Hunger stillen, sondern auch unsere Lebensfreude und Lebensqualität mit beeinflussen.

Warum selbst schlachten und wursten?

Selbst schlachten und wursten ist ein Ausweg aus der unbefriedigenden Situation auf dem Fleischmarkt. Wenn Sie selbst schlachten, kennen Sie das Tier und wissen, dass es gesund ist und artgerecht gehalten wurde und dass Sie nur bestes Fleisch zu Braten, Wurst und Schinken verarbeiten.

Selbstvermarktung

Im Rahmen der Selbstvermarktung können Sie darüber hinaus mit Fleisch und selbst hergestellten Produkten und Würsten die Haushaltskasse aufbessern.

Grundsätzliches zum Schlachten und Wursten

Dieser Ratgeber soll Ihnen dabei helfen, richtig und sachgerecht zu schlachten und zu wursten. Sie erfahren, wie Sie am besten an die etwas komplizierte Arbeit des Schlachtens und Wurstens herangehen und welche grundsätzlichen Punkte und gesetzlichen Bestimmungen Sie dabei unbedingt beachten müssen.

Wie kommen Sie an geeignetes Schlachtvieh?

Natürlich ist es für einen Landwirt mit geeigneten Stallungen am einfachsten, die gewünschten Schlachttiere aufzuziehen. Als Städter haben Sie diese Möglichkeiten normalerweise nicht. Sie müssen trotzdem nicht Bauer sein, um Ihre eigenen Braten, Würste oder Schinken herzustellen.

Bezugsquellen

Als Städter oder Nichtlandwirt brauchen Sie nicht auf Ihr eigenes Fleisch zu verzichten. Nehmen Sie mit einem Bauern, der Vieh artgerecht hält, Verbindung auf und bitten Sie ihn, ein Rind, ein Schwein oder eine Gans für Sie mit aufzuziehen und zu schlachten. In der Regel dürften Sie ohne große Probleme handelseinig werden.

Sie können sich auch an den Kreisbauernverband oder eine Zentrale der Biolandlandesverbände wenden und sich Adressen von Bauern geben lassen, die Tiere in »Pension« mästen. Unter der Bezeichnung »Bioland« verbirgt sich die Arbeitsgemeinschaft Ökologischer Landbau, in der Landbauverbände wie Demeter, Bioland, Biokreis, Naturland etc. organisiert sind. Eine Anschriftenliste der Biolandlandesverbände finden Sie im Anhang (Seite 155).

Nach dem Schlachten übernehmen Sie das Fleisch Ihres Tieres entweder direkt vom Bauern oder von einem Schlachter und verarbeiten es. Wie Sie dabei vorgehen, wird in diesem Ratgeber beschrieben. Hier finden Sie auch zahlreiche Rezepte für Würste, Schinken, Pasteten und regionale Spezialitäten.

ARTGERECHTE HALTUNG
Falls Sie keinen Bauernhof haben, müssen Sie trotzdem nicht auf das Wursten verzichten. Lassen Sie sich ein Tier vom Bauern aufziehen – aber achten Sie darauf, dass es artgerecht gehalten wird.

Darf man selbst schlachten und wursten?

Grundsätzlich ist das eigene Schlachten und Wursten erlaubt, vorausgesetzt, man beachtet die dafür geltenden Gesetze und Verordnungen. Jetzt wird es etwas kompliziert, denn für das Schlachten, Verarbeiten und Selbstvermarkten gilt eine beträchtliche Anzahl von rechtlichen Bestimmungen, über die Sie sich informieren müssen und zu deren Einhaltung Sie verpflichtet sind. Die rechtlichen Bestimmungen für das Schlachten und Wursten setzen sich aus folgenden einzelnen Gesetzen und Verordnungen zusammen:

RECHTSLAGE
Hygienevorschriften, Lebensmittelrecht, Tierschutz und Jagdrecht wirken beim Schlachten und Wursten zusammen. Die rechtlichen Bestimmungen müssen Sie kennen und befolgen.

Die gesetzlichen Bestimmungen

- Fleischhygienegesetz (FlHG)
- Dienstanweisung Fleischhygienegesetz (DAFlHG)
- Fleischhygiene-Verordnung (FlHV)
- Geflügelfleischhygienegesetz (GFlHG)
- Geflügelfleischhygiene-Verordnung (GFlHV)
- Hackfleisch-Verordnung (HFlV)
- Tierschutzschlacht-Verordnung (TierSchlV) vom 3. März 1997
- Gesetz über die Beseitigung von Tierkörpern, Tierkörperteilen und tierischen Erzeugnissen (TierkGB)
- Lebensmittel- und Bedarfsgegenständegesetz
- Bundesjagdgesetz (BJG)
- Tierschutzgesetz (TierSchG)
- Bundeshygiene-Verordnung (BHV).

Selbst schlachten und wursten – eine sinnvolle Tätigkeit

Lassen Sie sich von diesem Katalog der Gesetze und Bestimmungen nicht entmutigen. Korrektes Vorgehen beim Schlachten und Wursten liegt auch in Ihrem eigenen Interesse. Wenn Sie für den Eigenbedarf schlachten, sind Sie an weniger Verordnungen und Gesetze gebunden.

Für die Vermarktung von Fleisch und Wurst müssen Sie sich zusätzlich noch an Gewerbebestimmungen halten. Sie rücken in die Nähe gewerblicher Betriebe mit ihren besonders strengen Auflagen.

Schlachten für den Eigenbedarf

Wollen Sie nur für den eigenen Bedarf und vielleicht für die Großeltern und die eigenen Kinder schlachten, sind Sie fein heraus. In diesem Fall müssen Sie nur das Tierschutzgesetz, das Fleischhygienegesetz, die Fleischhygiene-Verordnung, die Tierschutzschlacht-Verordnung und das Gesetz zur Beseitigung von Tierkörpern, Tierkörperteilen und tierischen Erzeugnissen beachten. Wie Sie das Tier zerlegen und weiterverarbeiten, bleibt Ihnen überlassen und unterliegt keiner staatlichen Kontrolle.

Schlachten für die Selbstvermarktung

Planen Sie hingegen, die Erzeugnisse der Schlachtung zu vermarkten, gelten für Sie im Wesentlichen die gleichen Gesetze, Verordnungen und Bestimmungen wie für gewerbliche Schlachtereien und Fleisch verarbeitende Betriebe. Da Sie die Selbstvermarktung aller Wahrscheinlichkeit nicht als Haupterwerb, sondern »nur« als Nebenerwerb betreiben werden, gibt es Ausnahmeregelungen, die Ihrer speziellen Situation angepasst sind und Ihnen das Arbeiten etwas erleichtern. Die Ausnahmeregelungen hier aufzuführen, würde den Rahmen dieses Ratgebers sprengen. Sie hängen wesentlich von Ihren Planungen ab und sind darüber hinaus von Bundesland zu Bundesland verschieden.

Wollen Sie selbst schlachten und die Schlachtprodukte auch vermarkten, sollten Sie sich bei dem für Sie zuständigen Kreisveterinäramt beraten lassen. Sprechen Sie auch mit der zuständigen Handwerkskammer, um herauszufinden, wo die Grenzen zwischen Selbstvermarktungs- und Gewerbebetrieb liegen. Informieren Sie sich gründlich, damit Sie keine unangenehmen Überraschungen erleben. Nicht jeder wird Sie zu Ihrer Initiative beglückwünschen. Für die örtlichen Fleischereien bedeutet sie eine Konkurrenz. Sie müssen damit rechnen, dass der eine oder andere dafür sorgen wird, dass Sie unter den gleichen strengen Auflagen produzieren, wie es für gewerbliche Betriebe üblich ist. In diesem Ratgeber gehen wir davon aus, dass für den Eigenbedarf geschlachtet und weiterverarbeitet wird.

GEWERBLICHE VORSCHRIFTEN
Grundsätzlich ist das Schlachten und Wursten jedem erlaubt, sofern die gesetzlichen Vorschriften eingehalten werden. Selbstvermarkter unterliegen wie Gewerbebetriebe noch zusätzlichen Auflagen. Lassen Sie sich von kompetenter Stelle beraten!

Was Sie vor dem Schlachten beachten müssen

Im folgenden Kapitel erfahren Sie, worauf es vor dem Schlachten ankommt.

Fleischqualität des Schlachttieres

Nur ein gesundes Tier, das sich wohl fühlt, liefert gutes Fleisch. Nahrhaftes, auf die Rasse abgestimmtes Futter und eine artgerechte Tierhaltung haben wesentlichen Einfluss auf die Qualität des Fleisches. Vor der Schlachtung sollten die Tiere bis zuletzt in ihrer gewohnten Umgebung verbleiben. Alle Maßnahmen, die Angst, Unruhe und Stress auslösen können, müssen vermieden werden. Sie führen zu erheblichen Qualitätseinbußen.

Tierärztliche Untersuchungen

Nach dem Fleischhygienegesetz und der Fleischhygiene-Verordnung besteht sowohl für Hausschlachtungen als auch für gewerbliche Schlachtungen eine Untersuchungspflicht von Schlachttieren wie Rind, Schwein, Schaf, Ziege, Kaninchen, sofern ihr Fleisch zum Verzehr für Menschen bestimmt ist. Es muss sowohl das lebende Tier (Schlachttieruntersuchung) als auch das geschlachtete Tier (Fleischuntersuchung) untersucht und für die Verarbeitung freigegeben werden. Für Hausgeflügel gelten die Bestimmungen der Geflügelfleischausnahme-Verordnung. Die Tiere sollen unmittelbar vor dem Schlachten untersucht werden. Werden sie nicht innerhalb von 48 Stunden danach geschlachtet, muss die Untersuchung wiederholt werden.

GESUNDHEIT
Ganz wichtig beim Schlachten ist die Hygiene und die Prüfung der Gesundheit des Tieres durch einen Fachmann.

Schlachten

Nach dem Tierschutzgesetz dürfen Tiere nur unter Betäubung und ohne Zufügung von Schmerzen getötet werden. Das Tier darf nicht unnötig leiden. Das ist eigentlich etwas Selbstverständliches, denn jedes Tier ist eine Kreatur Gottes und sollte mit entsprechender Würde behandelt werden. Wir erwähnen es hier, weil in Anlehnung an das Tierschutzgesetz die neue Tierschutzschlacht-Verordnung (TierSchlV) vom 3. März 1997 herausgegeben wurde. Diese Verordnung befasst sich im Detail mit dem Schlachten von Tieren aller Art. Sie betrifft sowohl die Hausschlachtung als auch die gewerbliche Schlachtung.

Rechtliche Bestimmungen

Der Gesetzgeber hat genau festgelegt, wie das Betäuben, Töten und Schlachten von Schlachttieren vor sich zu gehen hat. Die wichtigsten Bestimmungen, die Sie auch bei der nicht ganz so streng geregelten Hausschlachtung beachten müssen, besagen Folgendes:

● Im Rahmen der Hausschlachtung darf grundsätzlich nur geschlachtet werden, wenn das Fleisch, egal von welchem Tier, für den eigenen Haushalt bestimmt ist. Alle anderen Schlachtungen müssen in einem Schlachtbetrieb ausgeführt werden.

● Die Tiere sind so zu betreuen, ruhig zu stellen, zu betäuben, zu schlachten oder zu töten, dass keine unnötige Aufregung, Schmerzen, Leiden oder Schäden verursacht werden.

● Die Tiere dürfen nur von Personen, die über die notwendige Sachkenntnis verfügen, beruhigt, betäubt, geschlachtet oder getötet werden. Die Sachkenntnis muss durch eine theoretische und praktische Prüfung belegt und von der Behörde schriftlich bescheinigt werden. Tiermediziner, Schlachter, Landwirte etc. können von der Prüfung befreit werden.

● Die Tiere dürfen erst unmittelbar vor der Schlachtung an den Schlachtplatz gebracht werden, um sie vor unnötigem Stress und vor Aufregung zu bewahren.

● Die Tiere dürfen erst dann ruhig gestellt, also am Schlachtort festgebunden werden, wenn sie anschließend sofort betäubt oder getötet werden.

● Die Tiere müssen so rasch und sachgerecht betäubt werden, dass sie nicht zusätzlich leiden und den anschließenden Tod nicht wahrnehmen.

Die verschiedenen Schlachttiere dürfen nach der Tierschutzschlacht-Verordnung bei der Hausschlachtung ausschließlich wie nachstehend aufgeführt betäubt und getötet werden:

Rind: Bolzenschuss

Schwein: Bolzenschuss, elektrische Durchströmung, Kopfschlag (nur bei Tieren unter 10 kg Gewicht)

SCHONENDE TÖTUNG

Um das Schlachttier zu schonen, muss es richtig betäubt und getötet werden. Das nützt auch der Fleischqualität.

Schaf: Bolzenschuss, elektrische Durchströmung, Kopfschlag (Die Anwendung darf nur bei Tieren erfolgen, die unter 30 kg wiegen.)

Ziege: Bolzenschuss, elektrische Durchströmung, Kopfschlag (Hier gilt ebenfalls das Gewicht des Tieres als Richtwert: Unter 10 kg Gewicht ist der Kopfschlag erlaubt.)

Kaninchen: Bolzenschuss, elektrische Durchströmung, Kopfschlag, Genickschlag

Hausgeflügel: Bolzenschuss, elektrische Durchströmung, Kopfschlag.

Beachten Sie auch die folgenden Punkte zur sachgerechten Handhabung der Betäubungsgeräte. Beim Betäuben und Töten der Tiere muss sichergestellt werden, dass

● beim Bolzenschuss das Gerät so angesetzt und die Ladung so bemessen wird, dass der Bolzen in das Gehirn eindringt. Außer bei Schafen und Ziegen ist ein Schuss in den Hinterkopf verboten. Bei Schafen und Ziegen ist er nur erlaubt, wenn das Ansetzen des Gerätes wegen der Hörner nicht möglich ist.

● das Gehirn des Schlachttieres bei der elektrischen Durchströmung vor oder wenigstens gleichzeitig mit dem Körper durchströmt wird.

Abfallbeseitigung

Von größter Bedeutung sind beim Schlachten die hygienischen Vorschriften. Dies gilt nicht nur für das verwertbare Fleisch, sondern auch für die abfallenden, nicht verwertbaren Fleisch- und Knochenreste. Auch der Umgang mit Abfallprodukten wird vom Gesetzgeber genau geregelt. Die beim Schlachten und bei der Verarbeitung anfallenden Abfälle müssen in einem verschließbaren Gefäß gesammelt werden. Für die Entsorgung von fleischlichem Abfall und von Knochen, Blut etc. ist allein eine Tierkörperbeseitigungsfirma zuständig; jede andere Form der Abfallbeseitigung ist streng untersagt. Auf keinen Fall dürfen die Abfälle auf dem Hof vergraben werden. Auch das Verfüttern der Abfälle, z. B. an Schweine, ist verboten.

BETÄUBUNG
Für verschiedene Arten von Schlachttieren gelten unterschiedliche Betäubungsvorschriften, die das Leiden des Tieres so gering wie möglich halten sollen.

Räumliche Voraussetzungen

Auch wenn es für das private Hausschlachten keine vom Gesetzgeber geregelten Vorschriften gibt, sollten Schlachtraum und Verarbeitungsraum schon aus hygienischen, aber auch aus rein praktischen arbeitstechnischen Gründen voneinander getrennt sein. Schlachtstätten und Verarbeitungsräume von Direktvermarktern müssen beim zuständigen Veterinäramt angemeldet werden.

Der Schlachtraum

SCHLACHTORT
Der Schlachtraum muss zweckmäßig und hygienisch ausgestattet sein. Für Hausschlachtungen empfiehlt sich ein Ort im Freien.

Der Schlachtraum bzw. -ort muss so gelegen sein, dass er von der Öffentlichkeit nicht eingesehen werden kann. Er muss sauber sein, das gilt auch, wenn im Freien geschlachtet wird. Zwischen Stroh und Kot ein Tier zu töten, ist nicht nur unästhetisch, es birgt auch die Gefahr, dass sich Fleisch und/oder Blut mit Bakterien verunreinigen und dadurch verderben können.

Schlachten Sie innerhalb eines Gebäudes (was für Hausschlachtungen nicht besonders zu empfehlen ist), dann benötigen Sie für ein Schwein etwa einen Platz von 15 m² und für ein Rind ca. 20 m². Die Raumhöhe sollte für ein Schwein mehr als drei Meter und für ein Rind über vier Meter betragen. Für kleinere Tiere wie Kälber, Schafe, Lämmer, Ziegen etc., reicht es aus, wenn die Räumlichkeiten entsprechend kleiner sind.

Der Fußboden sollte aus rutschfestem Material bestehen und sich gut reinigen lassen. Für häufigere Schlachtungen im Freien empfiehlt es sich, eine Zementplatte als Schlachtort anzulegen.

Ein Wasseranschluss für kaltes oder, wenn in einem Raum geschlachtet wird, für warmes Wasser ist zu empfehlen.

Schlacht- und Verarbeitungsräume müssen über ausreichend Licht zum sicheren Arbeiten und über Fenster zum Lüften verfügen.

Wird in einem Schlachtraum häufig geschlachtet, muss auch dafür gesorgt werden, dass unerwünschte Parasiten fernbleiben. Die Fenster und alle anderen Öffnungen sollten deshalb mit geeigneten Gittern gegen Ungeziefer, Mäuse oder Ratten verkleidet sein.

Der Verarbeitungsraum

Als Verarbeitungsraum eignet sich am besten eine Küche, vorausgesetzt, sie ist so groß, dass stabile Tische aufgestellt werden können und noch genügend Platz zum Arbeiten für zwei bis drei Personen bleibt. Zur Not weichen Sie auf einen anderen Raum, z. B. die Diele, aus. Achten Sie darauf, dass alle Räume peinlich sauber sind.

Der Hauptarbeitstisch sollte mindestens zwei Meter, besser drei Meter lang, 90 Zentimeter breit und so hoch sein, dass Sie, ohne Rückenschmerzen zu bekommen, längere Zeit daran arbeiten können. Wenn Sie durchschnittlich groß sind, wären 95 Zentimeter zu empfehlen.

Optimal ist eine Oberfläche aus Nirosta, Kunststoff oder Aluminium. Steht Ihnen nur eine Arbeitsplatte aus Holz zur Verfügung, muss Sie glatt und ohne Risse sein und sich leicht reinigen lassen.

ARBEITSHÖHE
Das Verarbeiten des Fleisches wird unnötig anstrengend, wenn die Arbeitshöhe nicht stimmt. Richten Sie sich die Arbeitsplatte nach Ihren Bedürfnissen ein.

Geräte und Zubehör

Bei den aufgeführten Gegenständen handelt es sich um eine Normalausstattung, um Tiere wie Rinder und Schweine zu schlachten. Sie können sie jederzeit entsprechend Ihren Bedürfnissen erweitern. Wenn Sie nur Kleintiere (Kälber, Schafe, Ziegen, Kaninchen) oder Geflügel schlachten wollen, benötigen Sie weniger Geräte und Zubehör.

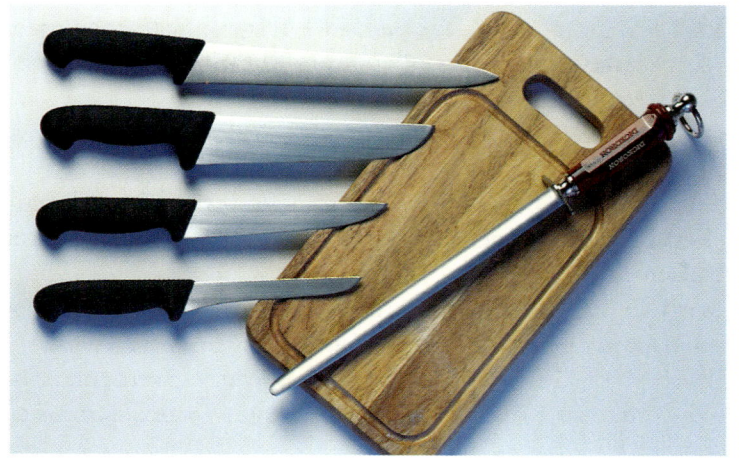

Messer sind das wichtigste Handwerkszeug des Schlachters. Egal, ob Stech-, Ausbein- oder Hautmesser, alle Messer müssen eine Klinge aus rostfreiem Stahl und einen Schutzgriff aus Kunststoff haben.

15

Geräte

Messer

Die Messer sind mit Abstand das wichtigste Handwerkszeug des Schlachters. Sie müssen in jedem Fall eine Klinge aus rostfreiem Stahl und einen Schutzgriff aus Kunststoff besitzen. Beim Kauf der Messer sollte die Qualität des Stahls entscheidend sein.

- Stechmesser

Mit diesem Messer wird die Schlagader des Tieres geöffnet. Es muss deshalb lang (bis 20 Zentimeter), spitz und scharf sein. Die Klinge darf vor der Benutzung nicht frisch geschliffen, sondern nur mit einem Wetzstahl abgezogen werden. Bei einem frischen Schliff würde der an der Schneide vorhandene Grat dafür sorgen, dass sich die Ader um die Einstichstelle wieder schließt und das Tier nicht richtig ausblutet.

- Ausbeinmesser

Es ist klein, spitz und so geformt, dass die Knochen damit leicht herausgelöst werden können.

- Fleisch- oder Rouladenmesser

Es ist lang und breit und dient zum Zerteilen des Fleisches.

- Hautmesser

Es besitzt eine abgerundete Spitze und dient zum Enthäuten des geschlachteten Tieres.

Wetzstahl

Er dient zum Abziehen und Schärfen der Messer.

Spalter

Spalter ist ein Fachbegriff, mit dem die Beile des Schlachters bezeichnet werden. Spalter werden zum Durchtrennen der Knochen benutzt.

- Handspalter mit langem Stiel

Es gibt sie in der schweren Ausführung für Rinder und in der mittleren Ausführung für Schweine.

- Handspalter mit kurzem Stiel

Er wird vor allem zum Hacken von Koteletts benutzt.

Knochensäge

Sie wird vielfach dem Spalter für das Durchtrennen der Knochen vorgezogen, da mit ihr ein Splittern der Knochen verhindert wird.

QUALITÄT

Scharfe Messer und Sägen sind das A und O beim Schlachten und beim Zerlegen des Fleisches. Sparen Sie hier nicht an der falschen Stelle!

Schabglocken

Mit diesen Geräten werden die Borsten der Schweine nach dem Brühen entfernt. Es sollten zwei oder drei Schabglocken vorhanden sein, damit mehrere Leute gleichzeitig arbeiten können.

Bolzenschussapparat

Der Bolzenschussapparat dient zum Betäuben der Schlachttiere. Das Gerät wird mit einer Platzpatrone geladen und auf die Stirn des Schlachttieres gesetzt. Nach dem Betätigen des Auslösers wird die Platzpatrone gezündet und ein Metalldorn herausgepresst, der durch die Stirn in das Großhirn des Tieres dringt. Der Bolzen wird danach von einer Feder in das Gerät zurückgezogen. Das Schlachttier wird durch diese Methode so schmerzfrei wie möglich betäubt.

Elektrische Zange

Sie dient ebenfalls zur Betäubung von Schlachttieren. Eine Zange mit breiten Backen wird über einen Transformator an das Stromnetz angeschlossen. Die Pole (Backen der Zange) werden auf beiden Seiten des vorher mit Wasser benetzten Nackens des Schlachttieres gelegt, der Stromkreis wird eingeschaltet und das Tier wird mit einem Stromstoß betäubt.

Zubehör

Im gewerblichen Bereich dürfen grundsätzlich keine hölzernen Geräte oder Geräteteile mehr zum Schlachten und Wursten verwendet werden, sondern nur noch Edelstahlgeräte. Das gilt auch für das Krummholz, dessen Name im Folgenden trotzdem beibehalten werden soll.

Krummholz

Auf dem Krummholz wird der Schlachtkörper aufgespannt. Es ist ein kräftiges, leicht gebogenes Rundholz mit Einkerbungen an beiden Enden. Es dient zum Aufhängen des Schweines. Dazu werden am Fersenbein des getöteten Schweines die Achillessehnen gelöst und das Krummholz sorgfältig in den Spalt zwischen Sehne und Knochen geschoben.

ARCHAISCH

Die zum Schlachten benötigten Geräte, wie z. B. das Krummholz, wurden zum Teil über Jahrhunderte unverändert beibehalten. Heute kommen moderne Betäubungsgeräte hinzu. Holzutensilien werden aus hygienischen Gründen nicht mehr verwendet.

Leiter

An ihr wird das Krummholz oder die Edelstahlhalterung mit dem getöteten Tier aufgehängt. Die Dorne werden wie die Enden des Krummholzes durch den Spalt zwischen Achillessehne und Knochen geschoben.

Brühmulde

Früher eine Holz- oder Zinkwanne, heute aus hygienischen Gründen eine Edelstahlwanne, die zum Brühen von Schweinen benötigt wird.

Schragen

Ein Lattenrostgestell, auf das das Tier nach dem Brühen zum Entfernen der Borsten gelegt wird. In manchen Regionen werden Schweine in der Brühmulde entborstet.

Hackklotz

Er sollte aus Kunststoff bestehen und so hoch sein, dass man daran aufrecht stehend arbeiten kann. Hackklötze aus Holz sollten aus hygienischen Gründen nicht mehr benutzt werden. Wollen Sie Ihren alten, hölzernen Hackklotz trotzdem behalten, dürfen Sie ihn nur mit einer Stahlbürste trocken reinigen. Nie nass abwaschen, da sonst die Gefahr besteht, dass Fleischreste in das Holz dringen!

Abfalltonne

Sie muss verschließbar sein. In ihr wird der gesamte Abfall gesammelt. Abfall darf ausschließlich von einer Tierkörperbeseitigungsfirma entsorgt werden.

Schutzkleidung

Die Verletzungsgefahr beim Schlachten ist äußerst hoch. Fast 90 Prozent aller Unfälle werden durch die Messer verursacht. Je weniger Übung Sie haben, desto gefährlicher ist es. Sie sollten deshalb die Kosten nicht scheuen und entsprechende Schutzkleidung anschaffen. Die Schutzkleidung muss gut abwaschbar sein.

● Stechschürze

Sie besteht aus einem Metallgeflecht mit einem abwaschbaren Plastiküberzug. Sie schützt den Bauch- und Brustbereich gegen abrutschende Messerspitzen.

● Gummistiefel

Die Gummistiefel müssen aus weißem Material sein und rutschfeste Sohlen besitzen.

● Metallhandschuhe

Die zum Schlachten benötigten Metallhandschuhe bestehen aus einem Stahlgeflecht oder aus flexiblem Kunststoff und schützen die Hand, mit der Sie das Fleisch beim Ausbeinen oder Zerteilen festhalten.

● Unterarmstulpen

Sie bestehen entweder aus Kunststoff oder aus einem Metallgeflecht und schützen die Schlagadern der Unterarme vor Verletzungen.

Sonstiges Zubehör und Zutaten

Wursthüllen

Wursthüllen gibt es in unterschiedlichen Größen als Naturdarm sowie Kunst- oder Kunststoffhüllen. Die Größen werden in der Regel in Kaliber (Durchmesser in Millimeter) angegeben. Die Wursthüllen können zum Teil in Haushaltswarengeschäften, sonst in Fachgeschäften für den Fleischereibedarf bezogen werden. Die Adressen finden Sie im Branchenverzeichnis Ihres Telefonbuchs unter Metzgereibedarf. Sie können sie auch bei der Industrie- und Handelskammer erfragen.

Gewürze

Als wichtigste Gewürze werden Kochsalz, Salpeter und Nitritpökelsalz verwendet. Diese Stoffe dienen vor allem der Konservierung. Zusätzlich werden Zucker, Pfeffer, Piment, Majoran, Thymian, Knoblauch und Zwiebeln benötigt. Ihnen ist neben der erhöhten Haltbarkeit der angenehme, pikante und abwechslungsreich individuelle Geschmack der Würste zu verdanken.

NATUR- UND KUNSTSTOFF-DÄRME

Wursthüllen gibt es in verschiedenen Ausführungen und Größen für einen vielfältigen Bedarf. Wenn Sie selbst ein Schwein schlachten, können Sie die Därme gleich selbst zum Wursten vorbereiten.

Schlachtzeitpunkt

Der Schlachttermin wird hauptsächlich von dem Alter und dem Gewicht des zu schlachtenden Tieres bestimmt. Verfügen Sie nicht über einen Kühlraum, was bei Hausschlachtungen gewöhnlich zutrifft, sollten Sie das Schlachten in der kalten Jahreszeit zwischen November und Februar durchführen. Bei Schlachtungen im Sommer können Fleisch und Blut sonst sehr schnell verderben.

Reifen des Fleisches

Unter Reifen versteht man eine sich langsam vollziehende Veränderung des geschlachteten Fleisches. Das Fleisch wird mürbe und zart und gewinnt sein typisches Aroma. Erst dann ist es für die Weiterverarbeitung geeignet.

Das Fleisch von frisch geschlachteten Tieren ist nachgiebig, weich und klebrig und daher sehr schlecht zum Verzehr geeignet. Das im Fleisch befindliche Wasser wird noch von Eiweiß und Teilen der Muskelzellen gebunden. Es schmeckt flach und wird auch beim Kochen und Braten nicht so zart wie abgehangenes Fleisch. Es ist daher ganz wichtig, dass das Fleisch ausreichend lange und an einem gut gekühlten Ort reifen kann. Die Qualität des Fleisches wird dadurch entscheidend beeinflusst. Verschiedene Prozesse gehen vor sich, die das Fleisch reifen lassen. Im Einzelnen geschieht Folgendes beim Reifen des noch frischen Fleisches:

Einige Stunden nach dem Schlachten setzt die Totenstarre ein. Ihr Beginn ist stark temperaturabhängig. Je wärmer die Umgebungstemperatur ist, desto schneller setzt der Prozess ein. Die Muskelfasern schrumpfen, das vorher in den Zellen gebundene Wasser wird frei, und der pH-Wert sinkt. In dieser Phase ist das Fleisch auf keinen Fall zum Verzehr geeignet. Es ist sehr zäh und wird auch beim Braten nicht weich. Nach 48 bis 72 Stunden beginnt sich die Totenstarre zu lösen. Das Fleisch fängt an zu reifen. Es entwickelt sein typisches, leicht säuerliches Aroma. Die Fleischfasern werden brüchig. Das Fleisch wird mürbe, ist gut verdaulich, sein Genusswert steigt.

Die Zeit, die das Fleisch zum Ausreifen benötigt, ist abhängig von der Tierart. Bei Schweinen reichen in der Regel drei Tage, Kalbfleisch reift in drei bis sieben Tagen, Rindfleisch benötigt mindestens acht Tage, besser 14 Tage. Je älter allerdings ein Tier ist, desto länger dauert der Reifeprozess. Zum Reifen sollte das Fleisch kühl gelagert werden. Ideal wäre ein dunkler Kühlraum mit einer gleich bleibenden Temperatur von +2 °C und mit 85 Prozent Luftfeuchtigkeit, damit das Fleisch nicht austrocknet und für den späteren Verzehr zu zäh wird, und einer schwachen, gleichmäßigen Belüftung.

Wursten

Die Herstellung von Wurst kann zu einem eigenen, faszinierenden Hobby werden. Sie brauchen dazu nicht einmal selbst zu schlachten, sondern können sich die Zutaten (Fleisch, Speck, Innereien) in der erforderlichen Menge beim Fleischer kaufen. Achten Sie beim Kauf auf Herkunft und Qualität des Fleisches.

Was wird benötigt?

Wenn Sie nur kleine Mengen an Wurst herstellen wollen, reicht eine normale Küche aus.
Alles, was Sie benötigen, ist
- ein Brett zum Zerkleinern des Fleisches,
- große Töpfe zum Kochen der Zutaten, zum Brühen und zum Abkühlen der Würste,
- ein Fleischwolf zum Zerkleinern von Fleisch, Fett und Innereien,
- dazu ein Füllaufsatz zum Füllen der Därme
- und natürlich Gewürze.

Weiteres Zubehör

Sollte das Wursten für Sie zum Hobby werden, dann ist die Anschaffung einer Wurstfüllmaschine zu empfehlen. Sie erleichtert die Arbeit des Wurststopfens und garantiert gleichmäßig gepresste Füllungen und damit gute Qualität und Haltbarkeit. Allerdings ist die Investition nicht ganz billig. Ein von Hand betriebenes Tischgerät mit einem 6-Liter-Fülltank kostet etwa 1750 DM. Sie können ein solches Gerät auch gebraucht kaufen. Das Gleiche gilt für einen Kutter. Mit dem Kutter wird das Rohmaterial zerkleinert und zu der geforderten Konsistenz vermischt. (Der Name Kutter ist von dem englischen Wort *to cut* – schneiden abgeleitet.) Ohne einen Kutter können Sie z. B. keine Brühwürste zubereiten, da Sie von Hand nicht die notwendige Bindung zwischen Fleisch und Fett herstellen können. Ein neuer Kutter mit einem 13-Liter-Arbeitstank kostet um die 12.000 DM. Die Anschaffung, auch die eines gebrauchten Kutters, dürfte sich nur lohnen, wenn Sie Wurst in größerem Stil für die Selbstvermarktung erzeugen wollen.

PROFESSIONELL
Wurstfüllmaschine und Kutter lohnen sich nur bei professionellem gewerblichem Einsatz. Für den Eigenbedarf ist ihre Anschaffung zu kostspielig.

21

Welche Wurstarten können Sie selbst herstellen?

Deutschland ist ein Land der Würste. Wenn Sie einmal durch Deutschland gereist sind und in den verschiedenen Regionen die Theken der Fleschereigeschäfte angeschaut haben, werden Sie festgestellt haben, dass es eine kaum zu überschauende Vielfalt von typischen Wurst- und Würstchensorten gibt.

GEEIGNETE SORTEN

Im Rahmen des Hauswurstens können Roh- und Kochwürste selbst hergestellt werden. Durch Pökeln, Trocknen, Räuchern oder Kochen werden sie haltbar gemacht.

Leider lassen sich nicht alle im Rahmen der Hausschlachtung herstellen, es sei denn, Sie verfügen über einen Kutter. Ohne Kutter müssen Sie sich auf zwei Wurstsorten, nämlich auf Roh- oder Dauerwürste und Kochwürste, beschränken.

● Roh- oder Dauerwürste

Hierunter fallen alle Würste, die aus rohem Fleisch, Fettgewebe und Wasser hergestellt werden. Sie werden in der Regel auch »roh« verzehrt, wenn auch meistens nicht frisch, sondern sie erhalten durch Pökeln, Trocknen oder Räuchern ihren besonderen Geschmack und ihre große Haltbarkeit. Zu den Rohwürsten gehören auch die Bratwürste, die vor dem Verzehr gebraten werden müssen.

● Kochwürste

Kochwürste werden zum überwiegenden Teil aus gekochtem Fleisch, Fettgewebe und Innereien hergestellt. Blut, zerkleinerte Leber und gewürfelter Speck dürfen roh dazugegeben werden. Nach Fertigstellung werden die Würste in ca. 80 °C heißem Wasser gegart. Das Wasser, in das die Würste gegeben werden, muss leicht kochen. Durch Zugabe der kühleren Würste sinkt die Temperatur automatisch ab. Sie darf nicht unter 75 °C abfallen, da sonst die schädlichen Mikroorganismen nicht abgetötet werden.

Die Zutaten

Das A und O sind qualitativ hochwertiges Fleisch und Fett und frische Gewürze. Sie selbst müssen sorgfältig arbeiten, die Gewürze genau abwiegen und sie gründlich mit der Wurstrohmasse vermischen. Außerdem müssen Sie die Geräte und den Arbeitsplatz peinlich sauber halten.

● Salz

Es ist ein wichtiger Grundstoff bei der Wurstherstellung. Es wird als reines Kochsalz oder, wenn die Wurst umgerötet und geräuchert werden soll, als Mischung mit Salpeter oder Nitrit angewendet.

● Salpeter (Nitrat)

In der Bundesrepublik darf Salpeter nur in Form von Kaliumnitrat verwendet werden. Es dient zum Umröten von Dauerwürsten und Rohpökelwaren.

● Nitritpökelsalz

Es besteht aus Kochsalz und einer Zugabe von 0,4 bis 0,5 Prozent Natriumnitrit. Es kommt bereits fertig gemischt in den Handel und wird heute wegen seiner schnelleren Umrötungseigenschaften allgemein anstelle von Salz und Salpeter zum Pökeln genommen. Nitritpökelsalz erzeugt allerdings eine nicht ganz so intensive und stabile Röte wie Salpeter. Auch ist der Pökelgeschmack erheblich weniger ausgeprägt.

● Zucker

Zucker kann als Traubenzucker, Rübenzucker, Mehrfachzucker oder als ein Zuckerkombinat zugesetzt werden. In der Hausschlachtung wird man in der Regel normalen Haushaltszucker verwenden. Der Zucker wird in der Wurstmasse oder im Pökelfleisch zu Säure abgebaut, der pH-Wert des Fleisches sinkt und der Umrötungsprozess wird beschleunigt. Gleichzeitig mildert der Zucker den leicht herben Geschmack des Pökelsalzes.

● Hilfsstoffe

Hierunter sind Stoffe wie Phosphate, Askorbinsäure, Askorbinat, Emulgatoren und Gelatine zu verstehen. Diese Stoffe werden hauptsächlich in der gewerblichen Wurstherstellung verwendet. Sie sorgen für eine gleichmäßige Konsistenz der Wurstmasse, fördern das Umröten beim Pökeln oder unterstützen die Herstellung von Sülzwaren. In der Hausschlachtung kann man auf sie gewöhnlich verzichten.

HILFSSTOFFE
Salz, Salpeter, Nitritpökelsalz und Zucker sind zur Wursterzeugung unerlässlich. Auf weitere Hilfsstoffe kann bei der Hausschlachtung verzichtet werden.

23

● Gewürze

Sie geben der Wurst den individuellen Geschmack, erhöhen aber auch die Haltbarkeit der Wurstwaren. Paprika, Piment, Nelken, Muskat oder Knoblauch verlangsamen beispielsweise das Verderben von Fettstoffen. Die pflanzlichen Öle in Majoran, Koriander, Kardamom, Ingwer, Pfeffer und Muskat hemmen das Wachstum schädlicher Mikroorganismen. Darüber hinaus liefern Gewürze Vitamine, verbessern das Aussehen der Wurst und fördern die Verdauung.

Während Sie sich bei den Fleisch- und Fettzutaten an die später beschriebenen Mengenangaben der Rezepte halten sollten, können Sie Zusammenstellung und Menge der Gewürze entsprechend Ihren Vorlieben variieren. Sie sollten jedoch einige Grundregeln beachten:

1 Wählen Sie die Gewürze immer so aus, dass sie die Eigenschaften des Produktes unterstreichen und nie zu stark in den Vordergrund treten. Nehmen Sie am Anfang lieber weniger als zu viel.

2 Schmecken Sie die Wurstrohmasse sorgfältig ab. Sie darf etwas kräftiger schmecken, als Sie es bevorzugen, denn die Gewürze ziehen während des Reifens, Räucherns oder Garens in die Fleischteilchen ein. Der Geschmack der fertigen Wurst wird dadurch milder.

3 Wählen Sie die Gewürze nach dem Charakter der Produkte: Grobe, dunkle Gewürze, etwa Pfeffer und Majoran, für deftige Würste, feine, helle, milde Gewürze für Delikatessen.

4 Nehmen Sie immer frische Gewürze. Der Paprika vom Vorjahr könnte durch die Lagerung einen Teil seiner Würzkraft verloren haben, der Pfeffer ist vielleicht ausgeraucht und ohne Würzkraft. Das kann den Geschmack Ihrer Würste negativ beeinflussen.

5 Bevor Sie mit dem Wursten beginnen, sollten alle für die Herstellung der geplanten Wurstsorten benötigten Gewürze in ausreichender Menge bereitstehen. Kaufen Sie lieber etwas mehr ein, als Sie zu benötigen glauben. Nichts ist schlimmer, als wenn Ihnen beim Wurstmischen die Gewürze ausgehen.

GEWÜRZE KONSERVIEREN

Viele Gewürze passen zur Wurst und geben ihr die besondere Note. Sie müssen gut abgestimmt und sensibel abgeschmeckt werden. Sie erhöhen aber auch die Haltbarkeit und Bekömmlichkeit der Wurst.

Wursthüllen

Wursthüllen, ob natur oder künstlich, sind und bleiben die klassische Verpackung für Würste. Sie sind nicht nur praktisch, sondern auch schön anzusehen und appetitanregend. Verwenden Sie deshalb nur Wursthüllen erster Qualität. Als Wursthüllen können Sie Naturdärme, Kunstdärme oder Kunststoffdärme einsetzen.

● Naturdärme

Sie stammen von Schwein, Rind, Kalb, Pferd oder Schaf. Gekaufte Därme sind geruchlos, geschmacksneutral, hell, fett- und lochfrei. Sie können sie im Fachhandel kaufen. Es wird nach Originaldärmen oder sortierten Därmen unterschieden. Unter Originaldärmen versteht man Därme, wie sie beim Schlachten anfallen. Sortierte Därme dagegen haben einheitliche Maße und werden in Kaliber gemessen. Unter Kaliber wird der Durchmesser eines aufgeblasenen Darms in Millimeter verstanden.

Wenn Sie geschlachtet haben, können Sie natürlich die Därme des Schlachttieres verwenden. Die Bearbeitung der Därme erfordert allerdings ein wenig Fingerspitzengefühl. Wie sie zu reinigen und vorzubereiten sind, beschreiben wir detailliert im Kapitel »Schlachten und Wursten von Schweinen«, Seite 42f.

● Kunstdärme

Sie bestehen aus natürlichen Grundstoffen wie Haut oder Zellulose. Sie sind hygienisch, sauber, verhindern eine Vermehrung von schädlichen Mikroorganismen auf der Oberfläche und können lange gelagert werden. Sie sind zum Trocknen und Räuchern geeignet.

● Kunststoffdärme

Sie lassen weder Fett und Feuchtigkeit noch Aroma entweichen und schützen vor Bakterien- oder Keimbefall. Sie besitzen die gleichen hygienischen und technischen Vorteile wie Kunstdärme. Sie sind nicht zur Herstellung von Rohwurst geeignet, da sie kein Trocknen der Wurst erlauben und keinen Rauch durchlassen.

ROHWURST

Je nach Einsatz sind Natur-, Kunst- oder Kunststoffdärme am besten zu verwenden. Für die Herstellung von Rohwurst sind Kunststoffdärme jedoch völlig ungeeignet.

Pökeln, Durchbrennen, Räuchern und Trocknen

Im folgenden Abschnitt werden verschiedene Konservierungsmethoden und geschmacksbildende Verfahren vorgestellt, mit denen Fleisch und Wurst weiterverarbeitet werden können.

Pökeln

Unter Pökeln (in Bayern, Österreich und im deutschsprachigen Teil Südtirols auch Einsuren genannt) versteht man das Haltbarmachen von Fleisch- und Fleischwaren mit Hilfe von Salz und Salpeter oder Pökelnitritsalz. Durch das Einsalzen des Fleisches wird den Zellen Wasser entzogen und durch Salz ersetzt. Das Wachstum der im Fleisch lebenden Mikroorganismen wird gehemmt und das Fleisch somit lagerfähig.

VORBEREITUNG
Pökeln entzieht dem Fleisch Wasser und macht es haltbar. Es ist heute vor allem eine Vorbedingung des Räucherns und weniger eine Konservierungsmethode.

Die Salpetersalze (Nitrat oder Nitrit) sorgen dafür, dass die natürliche rote Farbe des Fleisches erhalten bleibt, noch verstärkt wird und das Fleisch beim Kochen oder Braten nicht grau wird. Lässt man die Pökelsalze mehrere Tage auf das Fleisch einwirken, bilden sich zusätzliche, wohlschmeckende Aromastoffe heraus.

Heute liegt die Bedeutung des Pökelns weniger in der Haltbarmachung des Fleisches als in seiner geschmacklichen und farblichen Verbesserung sowie als notwendige Vorbehandlung von Räucherwaren.

Je nach Fleischbeschaffenheit und/oder Verwendungszweck kann nach vier verschiedenen Methoden gepökelt werden: Trockenpökeln, Nasspökeln, kombiniertes Trocken-Nass-Pökeln, Schnellpökeln.

● Trockenpökeln

Dieses Verfahren wird vor allem für Rohschinken und andere Dauerwaren verwendet.

Das Fleisch wird aus einer Mischung von Salz, Salpeter und Zucker kräftig von allen Seiten eingerieben. Furchen im Fleisch und die Verbindungsstellen von Knochen und Fleisch müssen dabei besonders gründlich gesalzen werden. Diese Stellen sind für den Befall von Insekten und anderen schädlichen Organismen besonders gefährdet, durch die die Ware verderben würde.

Anstelle der Salz-Salpeter-Mischung kann auch Nitritpökelsalz verwendet werden. Wollen Sie mehrere Teile pökeln, legen Sie die eingesalzenen Stücke in einem Gefäß möglichst dicht zusammen. Auf den Boden und zwischen die Fleischlagen geben Sie eine zusätzliche Salzschicht.

Verschließen Sie das Gefäß und lagern Sie es bei einer Temperatur von unter +10 °C. Schichten Sie die Fleischstücke ein- bis dreimal pro Woche um, damit sie gleichmäßig durchziehen (durchbrennen).

Wollen Sie nur einen Schinken oder etwas Speck pökeln und den vom Fleisch abgesonderten Saft nicht verwenden, können Sie den Schinken oder Speck auf einen Rost legen und in einem kühlen Raum auch so durchpökeln lassen.

Die Pökelzeit hängt vom Gewicht des Fleisches ab und ist, wie auch die benötigte Pökelmischung und die erforderliche Menge, den einzelnen Rezepten zu entnehmen.

● Nasspökeln

Nass werden vorwiegend Fleisch- und Fleischwaren gepökelt, die zum Kochen bestimmt sind, da die Teile beim Nasspökeln saftiger bleiben als beim Trockenpökeln. Es können aber auch Schinken, Speck etc. nass gepökelt werden. Allerdings sind sie später nicht so abgerundet im Geschmack und so mürbe wie trocken gepökelte Ware. Beim Nasspökeln wird eine Lake aus Wasser und Salpeter oder aus Nitritpökelsalz hergestellt. Die Wirksamkeit der Nasspökelung hängt von der Schärfe der Lake und dem Fleisch-Lake-Verhältnis ab. Das Verhältnis von Fleisch zu Lake sollte etwa eins zu drei sein und die Lakenschärfe sollte für Dauerschinken 18 bis 20 Prozent, für Lachsschinken und Schweinebauch zwölf bis 15 Prozent und für Pökelwaren zum Kochen zehn Prozent betragen. Die Schärfe der Lake kann mit einem Lakemesser bestimmt werden.

Die zu pökelnden Fleischteile werden in ein Gefäß aus Nirosta oder lebensmittelechtem Kunststoff gegeben und mit Lake übergossen. Das verschlossene Gefäß wird in ei-

EINSALZEN

Ein Schinken muss an den Übergangsstellen zum Knochen besonders sorgfältig eingesalzen werden. Regelmäßiges Umschichten ist ebenfalls sehr wichtig.

nem dunklen Raum mit Temperaturen von +4 bis +10 °C gelagert. Die Pökelzeit beträgt etwa eine Woche pro Kilogramm Fleisch. Das Aroma der Lake wird durch Zugabe von Gewürzen wie Pfeffer, Nelken, Lorbeer, Zwiebeln etc. verbessert.

● Kombiniertes Trocken-Nass-Pökeln
Bei dieser Methode werden die zu pökelnden Teile wie beim Trockenpökeln eingesalzen und in das Pökelgefäß geschichtet. Dort lässt man sie eine Woche ziehen. Danach werden sie mit einer schwachen, 3- prozentigen Lake von etwa übergossen. Die Pökeldauer beträgt wieder eine Woche pro Kilogramm Fleischware. Die Lagertemperatur liegt ebenfalls zwischen +4 und +10 °C.

● Schnellpökeln
Schnellpökeln ist ein Verfahren, das vorwiegend angewandt wird, wenn der Pökelprozess verkürzt werden soll. Das ist für die gewerbliche Produktion wichtiger als für uns. Hausschlachter haben in der Regel Zeit. Beim Schnellpökeln wird eine Pökellake auf Spritzen aufgezogen und an verschiedenen Stellen in die Tiefe der Fleischteile gespritzt. Das Salz kann das Fleisch bei dieser Methode erheblich schneller durchbrennen als bei den anderen, bisher beschriebenen Pökelverfahren.

Durchbrennen

GESCHMACK
Eine ausreichend lange Durchbrennzeit hat einen erheblichen Einfluss auf das Aroma von Roh- und Kochpökelerzeugnissen.

Hierunter versteht man einen Arbeitsschritt, der auf das Pökeln folgt. Die Pökelware ruht für einige Zeit an einem kühlen, trockenen Ort, damit sich unterschiedliche Salzkonzentrationen im Pökelgut ausgleichen (»durchbrennen«) können. Die Pökelware verstärkt ihr Aroma, die Farbe wird gleichmäßig stabil, das Fleisch wird mürbe und zart. Da das Pökelgut während dieser Zeit gegen schädliche Mikroorganismen noch anfällig ist, soll die Temperatur im »Brennraum« zwischen +6 und +8 °C betragen und die Luftfeuchtigkeit zwischen 60 und 80 Prozent liegen. Um Schäden durch Licht zu vermeiden, sollte der Brennraum dunkel sein.

Räuchern

Räuchern ist eine alte und sehr wirksame Konservierungsmethode, die die Räucherware darüber hinaus um köstliche Geschmacksnuancen bereichert. Beim Räuchern hängt die Fleischware im Rauch eines nur schwelenden Holzfeuers, das entweder in einem Räucherraum, wie es ihn auf alten Bauernhöfen noch gibt, oder in einer Räucherkammer aus Eisen entfacht wird.

Die im Rauch enthaltenen chemischen Stoffe lagern sich auf der Oberfläche des Räuchergutes ab und überziehen das Fleisch mit einer festen, Keim abweisenden, Bakterien tötenden Schicht. Gleichzeitig wird dem Fleisch, wie beim Pökeln, Wasser entzogen und die Entwicklung von Bakterien im Fleisch gehemmt. Je länger der Rauch auf die zu räuchernden Stücke einwirken kann, desto tiefer dringen die Bestandteile des Rauches in das Fleisch und desto haltbarer und würziger wird es.

Als Brennmaterial dürfen zum Räuchern nur gut getrocknete (mindestens ein Jahr lang gelagerte), naturbelassene, abgelagerte Harthölzer, vorwiegend Buche, verwendet werden. Sie können als Holzstücke, Späne oder Sägemehl genommen werden. Auf keinen Fall dürfen sie mit Farben oder anderen chemischen Materialien behandelt worden sein. Der Rauch enthält dann gesundheitsschädliche Substanzen, die sich auf der Räucherware absetzen würden. Auch das sehr harzhaltige Holz von Kiefern, Fichten etc. ist wegen der starken Rußentwicklung ungeeignet und kann gesundheitsschädlich wirken.

Um den Geschmack der Räucherwaren zu verfeinern oder neue Geschmacksnuancen hineinzubringen, können Gewürze wie Apfelschalen, Zwiebeln, Knoblauch, Wacholderbeeren, Kümmel, Pimentkörner etc. unter das Brennmaterial gemischt werden.

Beim Räuchern wird zwischen Heißrauchräuchern, Warmrauchräuchern und Kaltrauchräuchern unterschieden.

DUFTENDES HOLZ
Eine alte Konservierungsmethode ist das Räuchern. Mit ihm können dem Fleisch köstliche Geschmacksnuancen abgewonnen werden, die durch den Rauch hochwertiger Hölzer erzeugt werden.

29

● Heißrauchräuchern

Diese Methode wird für Waren angewandt, die zügig verzehrt werden sollen, wie z. B. Koch- oder Bratwürste. Mit ihr wird vor allem die Oberfläche des Räuchergutes vor Verderben geschützt. Durch Verbrennen von zumeist Buchenholz wird der Räucherofen auf eine Temperatur von 50 bis 80 °C aufgeheizt. Die hohe Temperatur sorgt dafür, dass die im Rauch enthaltenen chemischen Stoffe die Oberfläche des Räuchergutes schnell verfestigen und die Ware gegen das Eindringen schädlicher Organismen schützen. Die geringen Rauchteilchen, die in das Innere der Ware dringen, dienen zum Verfeinern des Geschmackes.

TEMPERATUREN
Sie können auf unterschiedliche Arten räuchern – oder auch räuchern lassen. Die Temperaturen liegen bei den verschiedenen Methoden zwischen 15–20 °C, 20–40 °C und 50–80 °C.

● Warmrauchräuchern

Zum Warmrauchräuchern wird eine Temperatur von 20 bis 50 °C benötigt. Die Temperatur wird durch Verglimmen von Hartholz, das mit trockenem Sägemehl abgedeckt ist, erreicht. Die Methode wird in der Regel nur beim Nachräuchern von Schinken und anderen dicken Fleischstücken angewandt. Mit dem Warmrauch soll ein gleichmäßiges Durchräuchern der Ware erreicht werden.

● Kaltrauchräuchern

Das Kaltrauchräuchern wird angewandt, wenn das Räuchergut lange haltbar sein soll und man den speziellen Rauchgeschmack besonders fördern will, z. B. bei Schinken, Speck und Dauerwürsten.

Zum Kalträuchern wird eine Temperatur von 15 bis 20 °C benötigt. Sie wird durch Verglimmen von fest gepresstem, trockenem Sägemehl erreicht.

Kalträuchern ist je nach Fleischart und Stärke ein Prozess, der über Wochen dauern kann.

● Alternativen zum Selbstpökeln oder Selbsträuchern

Wenn Sie keine Räumlichkeiten oder Geräte für diese Arbeiten besitzen oder wenn Sie einfach den Aufwand, der damit verbunden ist, scheuen, können Sie Ihre Würste und Schinken auch von Ihrem Schlachter oder in einer gewerblichen Räucherei pökeln und räuchern lassen.

Trocknen

Dies ist eine weitere Methode, Fleisch und Fleischprodukte haltbar zu machen. Es bedarf dazu besonders günstiger, klimatischer Bedingungen, wie man sie beispielsweise in den Alpen oder an der See findet. Beispiele für Pökelwaren, die an der Luft getrocknet werden, sind etwa Bündnerfleisch und Parmaschinken. In Regionen, die nicht von Natur aus über ein zum Trocknen günstiges Klima verfügen, müssen die Trocknungsbedingungen in einem Klimaraum künstlich erzeugt werden.

Alternative Konservierungsverfahren

Unter Konservierung werden alle Methoden verstanden, mit deren Hilfe Fleisch, Wurst, Innereien etc. haltbar gemacht werden. Unseren Ururgroßeltern stand dazu nur das Pökeln und/oder das Trocknen und Räuchern zur Verfügung. Mit dem Aufkommen von Tiefkühltruhen und Gefrierschränken verloren Pökeln und Räuchern als Konservierungsverfahren an Bedeutung, aber man greift immer noch wegen der Geschmacksverfeinerung auf sie zurück. Neben dem Einfrieren wird auch das Sterilisieren wieder modern.

Konservierungsmethoden

Nach dem Schlachten ist schnelles Konservieren der Fleisch- und Wurstwaren zu empfehlen. Bei Zimmertemperaturen oder im Sommer wird Fleisch schon nach Stunden unansehnlich, schmierig, grau und verliert an Geschmack.

● Einfrieren – Beim Einfrieren wird das Wasser im Fleisch gefroren. Es bilden sich Eiskristalle, die das Wachstum und die Ausbreitung von Bakterien verhindern. Das Fleisch wird für mehrere Monate lagerfähig. Die Mineralstoffe und Vitamine bleiben im Wesentlichen erhalten. Ihr Abbau kann jedoch nicht völlig verhindert werden. Der besondere Frischfleischgeschmack bleibt nach dem Auftauen bestehen. Weitere Vorteile sind: Das Fleisch wird durch das Einfrieren verdaulicher und reift nach dem Auftauen schneller.

VERFEINERUNG
Sterilisieren und Pökeln wird heute zunehmend vom Einfrieren abgelöst. Es kommt aber sicher nie aus der Mode, weil sich nur so ein für manche Gerichte typischer Geschmack erzielen lässt.

31

Beim Einfrieren sollten Sie auf Folgendes achten:

1 Nehmen Sie nur frisches und gesundes Fleisch und achten Sie darauf, dass die einzufrierenden Teile schnell bis zum Kern durchgefroren werden, d. h. höchstens Stücke von zwei bis zweieinhalb Kilogramm und eine hohe Frosttemperatur (ca. −25 °C). Je schneller die Teile durchfrieren, desto weniger Wasser verlieren sie beim Auftauen und desto zarter bleiben sie. Wenn Sie eine Tiefkühltruhe verwenden, sollten Sie das Fleisch lagenweise einfrieren. Füllen Sie die Truhe zu voll, dauert es zu lange, bis das Fleisch bis zum Kern durchfriert. Es kann an Aroma verlieren.

2 Wählen Sie eine Lagertemperatur, die zwischen −18 und −20 °C liegt.

3 Verpacken Sie die einzufrierenden Teile sachgerecht. Als Verpackungsmaterial eignen sich Folien aus lebensmittelechtem Kunststoff oder Aluminium, Gefrierbeutel, Gefrierschlauch oder Kunststoffbehälter, die vor dem Einfrieren sauber ausgewaschen sein müssen. Sonst sollten Sie nur ungebrauchtes Verpackungsmaterial verwenden.

Vakuumverpackung

Die beste Verpackungsart ist die Vakuumverpackung. Da Ihnen hierzu oftmals die erforderlichen Geräte fehlen werden, müssen Sie die Luft aus der Verpackung so sorgfältig wie möglich herausstreichen und die Verpackung anschließend dicht verschließen. Luft in der Verpackung wirkt wie eine Isolierung. Die Fleischteile gefrieren an diesen Stellen langsamer. Das Fleisch wird dort grau und verliert an Geschmack.

VERPACKUNG
Eine sachgerechte Verpackung aus Kunststoff oder Aluminium bewahrt Geschmack und Qualität des tiefgefrorenen Fleisches.

Beim Verpacken dürfen die Knochenenden die Verpackung nicht beschädigen. Sauerstoff würde durch diese Stellen eindringen und einen Gefrierbrand verursachen. Das Fleisch würde ungenießbar werden.

4 Die Lagerzeit sollte nicht überschritten werden. Sie beträgt für Bratenfleisch von Kalb und Schwein sechs bis acht Monate, bei Rind, Schaf und Ziege bis zu einem Jahr, bei Kochwürsten und Speckwaren etwa drei Monate und bei Bratwürsten etwa ein bis eineinhalb Monate.

5 Zum Auftauen wird das Fleisch aus der Verpackung genommen und in einem geschlossenen Gefäß im Kühlschrank langsam aufgetaut.

● Sterilisieren

Die Methode des Sterilisierens oder Einweckens war früher weit verbreitet. Heute beschränkt es sich beim Hausschlachten auf das Konservieren von Wurstwaren. Beim Sterilisieren werden Keime und Bakterien durch Hitze abgetötet. Die so behandelte Ware wird für längere Zeit lagerfähig. Sterilisiert wird in Dosen oder Gläsern.

Zum Sterilisieren kommt die gegarte Wurstmasse noch warm in die Gläser. Damit die Gläser durch das Einfüllen der heißen Masse nicht springen, empfiehlt es sich, sie vorher in heißem Wasser aufzuwärmen. Nach dem Füllen werden sie entweder mit einem Schraubverschluss oder mit einem Gummiring und Glasdeckel verschlossen. Im letzteren Fall wird der Glasdeckel mit einer Klammer gesichert.

Das Glas wird nun in einen Topf mit heißem Wasser gestellt. Auf den Boden des Topfes muss ein Sieb oder Rost gelegt werden, damit das heiße Wasser zwischen Boden und Glas zirkulieren kann. Bei Gläsern mit Schraubverschluss soll das Wasser über den Deckel des Glases reichen, bei Gläsern mit Gummiring etwa bis zu drei Viertel des Glases. Das Wasser wird zum Kochen gebracht. Es soll wallen, aber nicht sprudeln. Hat das Wasser eine Temperatur von 100 °C erreicht, beginnt die Sterilisationszeit. Sie soll für Wurstwaren 100 bis 120 Minuten betragen.

Danach werden die Gläser herausgenommen und in einen kühlen Raum gestellt, wo sie schnell abkühlen sollen. Je schneller das Abkühlen erfolgt, desto größer ist die Sicherheit, dass kein Sauerstoff und damit keine schädlichen Bakterien in das Glas dringen können.

Sie können die Wurstmasse auch kalt und ungegart in die Gläser füllen, um sie anschließend gleichzeitig zu garen und zu sterilisieren. In diesem Fall ist die Kochdauer entsprechend länger.

FÜLLMENGE

Sterilisieren kann man Rohwurstmasse in Gläsern oder Dosen im Wasserbad. Am gebräuchlichsten sind eher kleine Gläser mit einem Fassungsvermögen bis zu 0,5 l.

Schlachten und Wursten von Schweinen

Über das Schlachten von Schweinen und einige Anleitungen, die auch für die anderen vorgestellten Tiere gelten.

Anleitung zum Schlachten und Wursten

In den folgenden Kapiteln beschreiben wir das Schlachten von Schweinen, den wichtigsten Fleisch- und Wurstlieferanten in unserem Kulturkreis, und von Rindern, Kälbern, Schafen, Ziegen, Kaninchen und Geflügel sowie die Verarbeitung ihres Fleisches zu Wurst und anderen Spezialitäten. Wir sind uns bewusst, dass es bei der Verarbeitung des Fleisches eine Vielzahl von Möglichkeiten und Varianten gibt. Jede landsmannschaftliche Region hat ihre eigenen Wurst-, Schinken- und Speckspezialitäten. Hierauf im einzelnen einzugehen, ist unmöglich. Es würde nicht nur den Rahmen dieses Ratgebers sprengen, sondern auch jeden Einsteiger auf dem Gebiet des Schlachtens und Wurstens verwirren.

Um das Schlachten und Verarbeiten überschaubar und nachvollziehbar zu gestalten, gehen wir bei der Beschreibung der einzelnen Arbeitsschritte von den Erfahrungen aus, die sich auf dem elterlichen Hof der Autorin und auf Gut Görtz über viele Generationen bewährt haben. Dort, wo es notwendig war, haben wir die überlieferten Arbeitsweisen den modernen Gegebenheiten angepasst. So haben wir zum Beispiel beim Schlachten die Tierschutzschlacht-Verordnung vom 3. März 1997 zu Grunde gelegt und bei der Auswahl der Schlachttiere das heute übliche Schlachtgewicht. Früher schlachtete man Schweine mit vier Zentnern Gewicht, heute will niemand mehr so fettes Fleisch essen. Die Tiere werden deshalb mit zwei Zentnern Lebendgewicht geschlachtet.

Betrachten Sie unsere Darstellung des Schlachtens und Wurstens als eine Art Grundrezept, das Sie, sobald Sie selbst Erfahrungen gesammelt haben, ganz auf Ihre Bedürfnisse abstimmen können.

Wollen Sie die in den Rezepten angegebenen Zutaten verändern, so ist das ebenfalls möglich. Sie sollten dabei vorsichtig vorgehen und neue Gewürze, Mengen oder Mischungen erst an einer Probe abschmecken, bevor Sie möglicherweise die ganze Wurstmasse verwürzen.

ERFAHRUNGS-WERTE

Schlachten und Wursten beruht zumeist auf langer Erfahrung, die wir hier weitergeben möchten. Diese Erfahrungen werden Ihnen die Arbeit erleichtern.

35

Vorbereitende Maßnahmen

Eine gute Planung ist der halbe Erfolg. Bereiten Sie den Schlachtraum, den Ort für die Fleisch- und Wurstzubereitung, alle Geräte und Zutaten sorgfältig vor, und organisieren Sie sich mit Ihren Helfern, bevor Sie mit dem Schlachten und Wursten beginnen.

● Denken Sie daran, dass Sie, sofern Sie selbst schlachten wollen, nach der Tierschutzschlacht-Verordnung vom 3. März 1997 eine gültige Sachkundebescheinigung besitzen müssen.

● Wenn Sie nicht selbst schlachten, legen Sie den Schlachttag zusammen mit Ihrem Hausschlachter fest und melden ihn dem Tierarzt. Nach der Fleischhygiene-Verordnung müssen Schlachttiere auch bei Hausschlachtungen vor und nach dem Schlachten (Fleischuntersuchung) untersucht werden. Steht Ihnen kein Kühlraum zur Verfügung, sollten Sie ausschließlich in der kalten Jahreszeit zwischen November und Februar schlachten.

WINTER
Die beste Zeit für Hausschlachtungen liegt zwischen November und Februar, in der kalten Jahreszeit. Im Sommer ist das Risiko zu groß, dass das Fleisch verdirbt.

● Informieren Sie die Helfer rechtzeitig. Zum Schlachten und Verarbeiten benötigen Sie die Unterstützung von zwei bis drei Freunden; eine Person allein kann die anfallende Arbeit bei großen Schlachttieren wie Schweine und Rinder nicht bewältigen.

● Am Tag vor der Schlachtung sollte das Tier nur flüssige Nahrung zu fressen bekommen. Der Verdauungstrakt muss so leer wie möglich sein, damit sich das Tier einfacher ausnehmen lässt und Magen und Därme leichter gereinigt werden können. Außerdem wird dadurch verhindert, dass schädliche Fäulnisbakterien über die Nahrung ins Fleisch gelangen.

● Am Tag vor der Schlachtung muss der Schlachtplatz gründlich gereinigt werden. Benutzen Sie zum Reinigen keine Tücher, sondern spülen Sie Schmutz mit fließendem Wasser fort. Ein Tuch ist eine ideale Brutstätte für Keime und Bakterien.

● Die benötigten Geräte müssen überprüft, gereinigt und bereitgestellt werden. Achten Sie unbedingt auf die Qualität Ihrer Werkzeuge. Gute Geräte erleichtern Ihnen die Arbeit.

Ausrüstung

Für das Schlachten eines Schweines werden in jedem Fall benötigt:

- Krummholz und Leiter
- Brühmulde
- elektrische Betäubungszange
- Schlachtmesser
- Wetzstahl
- Spalter
- Knochensäge
- Schabglocken zum Entfernen der Borsten
- Wannen zum Auffangen des Blutes und der Därme
- Rührbesen
- verschließbare Abfalltonne
- abwaschbare Schutzkleidung
- und unmittelbar vor dem Schlachten 80–100 Liter kochend heißes Wasser zum Brühen des geschlachteten Schweines.

VORBEREITUNG
Zum Schlachten eines Schweines brauchen Sie die hier aufgelistete Ausstattung. Bereiten Sie alles sorgfältig vor, bevor Sie mit dem Schlachten beginnen.

Hygiene

Alle Geräte und Zubehörteile müssen peinlich sauber sein, da die eiweißhaltigen Fleisch- und Wurstwaren durch Schmutz und Bakterien schnell verderben können.

Für die Verarbeitung eines Schweines werden gebraucht:

- Fleischwolf mit Füllaufsatz zum Wurststopfen
- Schüsseln und Eimer zur Aufnahme des Fleisches
- große Kochtöpfe zur Wurstherstellung
- Briefwaage zum Abwiegen der Gewürze
- Küchenwaage
- Schöpflöffel
- Siebe
- Pökelgefäß
- Schutzkleidung
- Wursthüllen (Naturdärme, Kunstdärme, Kunststoffdärme) verschiedener Kaliber
- Wurstband zum Abbinden
- Wurstgläser (neue Gummiringe bereitlegen)
- Folie/Behälter zum Einfrieren.

Die Zutaten für das Wursten müssen vor dem Schlachten überprüft und gegebenenfalls ergänzt werden.

Die Gefriertruhe oder der Gefrierschrank sollte entleert, enteist, gereinigt und wieder vorgefroren werden. Das Fleisch muss so schnell wie möglich durchfrieren.

Schlachten

Am Schlachttag wird das Schwein, noch bevor die anderen Tiere gefüttert werden, ruhig und ohne beim Tier Stress zu erzeugen, zum Schlachtplatz geführt.

Betäuben des Schlachttieres

Der Nacken des Schlachttieres wird mit Wasser abgerieben. Die elektrische Betäubungszange wird an der nassen Stelle des Nackens angesetzt und das Tier mit einem Stromstoß betäubt. Das Tier stürzt sofort um.

Stechen

DAS TÖTEN

Ein Schwein wird wie seit alten Zeiten »abgestochen«. Dabei wird die Halsschlagader des betäubten Tieres durchtrennt. Das Stichmesser darf nur abgezogen, nicht frisch geschliffen sein, damit sich die Wunde nicht wieder schließt.

Nachdem das Tier betäubt ist, wird die Einstichstelle für das Messer gesäubert. Sie liegt zwei Finger breit oberhalb des Brustbeins. Das Stichmesser wird schräg nach hinten eingestochen und die Halsschlagader vor ihrer Verzweigung durchtrennt.

Der Schlachter kniet auf dem Tier, spannt den Hals und drückt das rechte Vorderbein nach hinten, während ein Helfer das linke Vorderbein auf den Boden drückt. Das Blut muss nach dem Herausziehen des Messers sofort kräftig hervorsprudeln.

Ein anderer Helfer fängt das Blut in einer sauberen Wanne auf. Ein weiterer Helfer bewegt mit kreisenden Bewegungen das oben liegende Vorderbein. Das Tier blutet dadurch besser aus. Das verbessert die Fleischqualität.

Nach dem Ausbluten wird das aufgefangene Blut sofort in einen Eimer umgeschüttet und mit einem Stahlbesen kräftig gerührt. Da es später weiterverarbeitet werden soll, darf es nicht gerinnen. Nach dem Rühren wird der Eimer mit dem Blut kalt gestellt.

Brühen

Dieser Arbeitsschritt ermöglicht es, die Borsten des Schweines zu entfernen. In die bereit gestellte Brühmulde wird quer zur Mulde vorne und hinten je ein starker Strick gelegt. Das Schwein wird nun mit vier Mann in die Brühmulde gehoben und mit ca. 80 – 100 Liter kochend heißem Wasser gebrüht. Mit Hilfe der Stricke wird es im heißen Wasser der Brühmulde kräftig auf- und abbewegt. Das Wasser muss auch die unzugänglichen Stellen erreichen. Durch das Brühen lockern sich die äußere Hautschicht, die Epidermis, und die Borsten. Sobald sich die Borsten auf der Unterseite leicht von Hand entfernen lassen, wird das Schwein umgedreht und auf der anderen Seite nach der gleichen Methode behandelt – also mit kochend heißem Wasser übergossen und darin kräftig hin- und herbewegt, bis sich die Borsten lösen.

Danach wird das Tier an den Stricken aus der Brühmulde gehoben und auf eine Leiter oder einen Schragen gelegt. Nun werden die lockeren Borsten mit Schabglocken zunächst auf der einen, dann auf der anderen Seite entfernt. Unzugängliche oder nicht völlig sauber gewordene Stellen werden mit einem Messer nachrasiert oder mit einem Gasbrenner abgeflammt. Die nach dem Entborsten am Tier verbliebene Haut ist die Schwarte.

Als Letztes werden die Augen ausgestochen und die Ohrmuscheln außen am Ohr des Schweines bis zum Schädelknochen entfernt.

Aufhängen

Die beiden Sehnen an den Fersenbeinen werden freigelegt und das Krummholz wird in den Spalt zwischen Knochen und Sehnen geschoben. Hier ist große Sorgfalt nötig: Damit das Schwein beim Aufhängen nicht abreißt, darf keine der Sehnen angeschnitten oder durchtrennt werden. Das Krummholz wird nun an die Sprossen einer Leiter gebunden. Die Leiter wird aufgerichtet (hier ist wieder die Hilfe von Assistenten gefragt) und an eine Wand gelehnt. Das Schwein hängt jetzt mit gespreizten Hinterbeinen, den Bauch nach vorne, an der Leiter herab.

BORSTEN

Die Borsten von Schweinen müssen abgelöst werden, um das Fleisch brauchbar zu machen. Vier Mann sind nötig, um das Tier in die Brühmulde zu heben.

Ausweiden

Das geschlachtete Tier muss sofort ausgenommen werden, damit sich Fleisch und Innereien nicht mit Darmbakterien infizieren.

So gehen Sie vor:
Zunächst wird die Haut vom Becken zwischen den Keulen hindurch bis zum Kopf vorgeschnitten.

Danach wird das Bindegewebe zwischen den beiden Schinken bis zum Schlossbein eingeschnitten. Der Schnitt öffnet gleichzeitig den hinteren Teil der Bauchhöhle. Die Blase und die Geschlechtsteile werden abgetrennt. Das Schlossbein wird im Bereich der Fuge mit dem Messer aufgebrochen. Der Darm darf nicht verletzt werden. Der After wird abgebunden (bei weiblichen Tieren auch die Scham) und herausgeschnitten. Der After darf dabei nicht in die Bauchhöhle rutschen, da er das Innere des Schlachttieres verschmutzen kann.

Nun wird der Bauch, ohne die Därme zu verletzen, ganz aufgetrennt. Der Gekröseansatz am Tierrücken wird gelöst. Die Eingeweide werden mit Ausnahme der Nieren herausgehoben und in eine bereitgehaltene Wanne gelegt. Die Speiseröhre wird abgebunden und etwa eine Handbreit oberhalb des Magens abgeschnitten.

Schließlich wird die Gallenblase sehr vorsichtig von der Leber getrennt. Platzt die Gallenblase beim Herausnehmen, müssen alle betroffenen Teile sofort gründlich gewaschen werden. Sonst schmeckt das Fleisch bitter und nimmt eine unansehnliche, gelbliche Farbe an.

WICHTIG

Das Ausweiden eines Schweines ist ein wichtiger Arbeitsgang und muss sehr sorgfältig vorgenommen werden. Die Gallenblase darf auf keinen Fall verletzt werden.

Wursthüllen

Wollen Sie die Därme später als Wursthüllen nutzen, werden sie in eine Schüssel gelegt, mit einer Decke abgedeckt und in einen warmen Raum gebracht. Die Därme dürfen nicht auskühlen, da sie sich sonst schwer reinigen lassen. Mit dem Reinigen muss sofort nach der Fleischuntersuchung begonnen werden, da die Därme schnell den Kotgeruch annehmen und für die Wurstherstellung unbrauchbar werden.

Als nächster Arbeitsschritt wird das Brustbein durchtrennt. Bei jungen Tieren verwendet man dazu ein Messer, bei älteren Tieren eignet sich ein Spalter besser dazu.

Das Zwerchfell wird gelöst und Zunge, Schlund, Luftröhre, Herz, Lunge, Zwergfell und Leber werden als Ganzes vom Tierkörper abgeschnitten und herausgenommen.

Der Schlund und das Herz werden von den übrigen Eingeweiden getrennt und aufgeschnitten, gründlich gewaschen und an einem Fleischerhaken aufgehängt.

Die Brusthöhle wird anschließend mit viel klarem Wasser ausgespült.

Das Filz (Flomen) ist die Fettschicht in der Bauchhöhle des Tieres. Es wird gemeinsam mit den Nieren herausgelöst. Die Nieren werden vom Filz getrennt. Die Harnstränge müssen entfernt werden, dann werden die Nieren eingeschnitten und gewässert. Das Filz kommt in kaltes Wasser. Es erhält dadurch eine schöne helle Farbe.

Filz und Nieren können auch bis zum Zerlegen im Schwein verbleiben. Allerdings kühlt das Schwein bei diesem Verfahren lange nicht so schnell aus, weil das Filz wie eine dicke Isolierschicht wirkt. Bei warmem Wetter empfiehlt es sich deshalb, Filz und Nieren bereits während des Schlachtens zu entfernen. Als Letztes wird der Rücken mit einem Spalter der Länge nach durchschlagen oder mit einer Knochensäge durchtrennt. Wenn Sie keine Erfahrung mit einem Spalter haben, lassen Sie diese nicht ungefährliche Arbeit von einem Fachmann durchführen.

Fleischuntersuchung

Die Schweinehälften werden gewaschen und zusammen mit allen Eingeweiden zur Untersuchung durch den Tierarzt bereitgehängt. Erst wenn er das Tier untersucht und freigegeben hat, dürfen die einzelnen Fleischteile weiterverarbeitet werden. Auch das weitere Zerteilen der Schweinehälften darf erst nach der Fleischuntersuchung vorgenommen werden. Achten Sie deshalb darauf, dass nicht zu viel Zeit zwischen dem Bereithängen der Fleischteile und der Fleischuntersuchung vergeht, denn schädliche Mikroorganismen entstehen sehr schnell.

QUALITÄTS-SICHERUNG
Die Fleischuntersuchung durch einen Tierarzt sichert den hohen Qualitätsstandard, den Fleisch bei uns hat.

Verarbeitung des Fleisches

Im Folgenden wird gezeigt, wie Sie das Schwein verarbeiten können. Wir beginnen mit den Därmen.

Verwendung der Därme

Schweinedärme werden als Wursthüllen benötigt. Sie können entweder die Därme des geschlachteten Tieres verwenden oder Naturdärme bei Ihrem Schlachter oder im Fleischereifachhandel kaufen. Sind Sie Anfänger im Wursten, sollten Sie fertige Därme kaufen, denn das Reinigen und Entschleimen frischer Därme bedarf einiger Übung.

Reinigen der Därme

WERTVOLL
Schweinedärme sind wertvoll für die Wurstherstellung. Allerdings ist ihre Reinigung und Vorbereitung relativ aufwendig.

1 Die Därme dürfen nicht beschädigt werden.

2 Das Netzfett wird zusammen mit der Milz vom Magen bis zum Dünndarm abgetrennt. Ein etwa drei Handbreit langes Stück vom Dünndarm wird ebenfalls vom Darmfett befreit. Danach wird der Darminhalt vom Magen aus soweit in den Dünndarm gedrückt, dass der Darm etwa zehn Zentimeter vor dem Magen abgeschnitten werden kann. Der Magen wird in eine Schüssel gelegt.

3 Der Dünndarm wird verknotet, damit kein Darminhalt auslaufen kann. Nun wird das Fett vom Dünndarm bis zur Butte (Blinddarm) mit der Hand abgerissen. Von der Butte aus wird der Darminhalt wiederum soweit zurückgestrichen, dass der Dünndarm ca. 20 Zentimeter vor der Butte abgeschnitten werden kann. Das Ende wird verknotet und der Dünndarm zu dem Magen in die Schüssel gelegt.

4 Der Krausdarm wird entfettet. Er ist in Fett eingebettet, das von einer dünnen Haut zusammengehalten wird. Diese Haut wird vorsichtig mit dem Messer eingeritzt und das Fett anschließend mit der Hand vom Darm gelöst.

5 Der Darminhalt wird in Richtung After ausgestrichen. Da das Schwein einen Tag vor dem Schlachten nur flüssige Nahrung bekommen hatte, ist der Darm fast leer und lässt sich leicht reinigen. Ist der Darm ausgestrichen, wird er etwa 80 Zentimeter vor der Butte abgeschnitten.

Der Krausdarm mit Nachende und Fettende wird in eine Wanne mit handwarmem Wasser gelegt. Die offenen Enden lässt man über den Rand hängen, damit das Wasser nicht durch mögliche Darmrückstände verschmutzt werden kann.

6 Der Dünndarm wird auf die gleiche Weise gereinigt. Danach wird er entschleimt. Dazu nimmt man ein spezielles Schleimholz oder einen Löffel in die rechte Hand und drückt die Außenseite mit dem Zeigefinger gegen den Daumen. Zwischen Daumen und Schleimholz/Löffel zieht man den Darm hindurch. Die Arbeit wird solange wiederholt, bis der Darm sauber (entschleimt) ist.

7 Die Butte wird wie der Krausdarm gereinigt.

8 Die Därme werden von innen mit warmem, nicht heißem Wasser gründlich gespült, nochmals ausgestrichen und in eine Schüssel mit sauberem, warmem Wasser gelegt.

9 Sind alle Därme vorgereinigt, werden sie in einen Meter lange Stücke geschnitten.

10 Die Innenseite wird nach außen gewendet und in frischem, warmem Wasser gereinigt. Das Wenden gelingt auch Ungeübten, wenn Sie ein Ende des Darms verknoten und den Darm dann über einen Besenstil ziehen.

11 Nach dem Reinigen werden die Därme zurückgekrempelt und auf einem Tisch sorgfältig mit trockenem Salz gescheuert. Durch diese Behandlung wird der letzte Schleim entfernt.

12 Die Därme werden jetzt in eine Schüssel gelegt und bleiben über nacht an einem warmen Ort stehen.

13 Am nächsten Tag, am Tag des Wurstens, werden sie nochmals durchgespült, in warmes Wasser gelegt und bis zur weiteren Verarbeitung wiederum an einem warmen Ort aufbewahrt.

FERTIGE WURSTHÜLLEN
Die Reinigung der Därme erfordert einiges Geschick und Zeitaufwand. Wagen Sie sich erst als Fortgeschrittener an diese Arbeitsschritte und verwenden Sie anfangs Fertigprodukte.

Reinigen des Magens

Die Magenausgänge werden zunächst ausgestrichen. Danach wird der Magen eingeschnitten und ausgedrückt. Die Innenseite wird nach außen gewendet und gründlich gewaschen. Die gelbe Schicht wird abgekratzt, der Magen nochmals gewaschen und wieder umgedreht, mit Salz behandelt und zu den anderen Därmen ins Wasser gelegt.

Das Zerlegen (Hauen) der Schweinehälften

Jede der beiden Schweinehälften wird nach Abschluss der Fleischuntersuchung weiter zerteilt. Man unterscheidet zwischen Grob - und Feinzerteilung.

Bei der Grobzerteilung werden das Vorder- und Hinterviertel jeder Schweinehälfte voneinander getrennt. Das Vorderviertel besteht aus Kamm, Brust, Bug, Eisbein und Spitzbein, das Hinterviertel aus Schinken, Eisbein und Spitzbein. Das Filet wird gesondert und bereits vor der Zerteilung der Schweinehälften herausgelöst. Der Kopf wird vom Vorderviertel abgetrennt.

Um die zehn Hauptfleischteile des Schweines zu erhalten, werden die vier Viertel des Tieres noch weiter zerlegt.

Zu den Hauptfleischteilen eines Schweines gehören beispielsweise der Schinken, das Filet, das Kotelett, der Bauch, der Kamm, der Bug und die Brust.

Die Bezeichnungen der Fleischteile entsprechen im Wesentlichen den Bezeichnungen der Deutschen Landwirtschaftsgesellschaft (DLG), in Klammern wurden die zum Teil bekannteren, volkstümlichen Namen hinzugefügt.

Alle diese Stücke werden noch weiter unterteilt, um zum Dünsten, Braten, Pökeln oder Wursten verwendet werden zu können.

Hauptfleischteile im Überblick

1 Filet
2 Kotelett
3 Rückenspeck
4 Kammspeck
5 Bug (Schulter)
6 Kamm (Nacken)
7 Kopf
8 Eisbein
9 Spitzbein vorn
10 Bauch
11 Wamme
12 Spitzbein hinten
13 Eisbein
14 Schinken

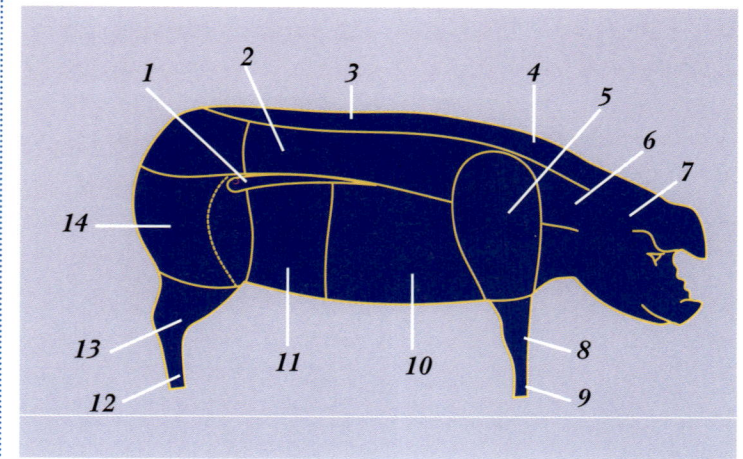

Grobzerteilung

Bevor wir das Schwein zu Fleisch, Schinken und Wurst verarbeiten, wird es in handliche Stücke zerlegt.

● Das Filet wird herausgelöst. Mit einem Messer wird es vom Kotelettstrang getrennt. Beim Filetkopf, der im Schinken eingebettet liegt, muss sehr vorsichtig geschnitten werden, damit das Fleisch des Schinkens nicht eingeschnitten wird. Solche Schnittstellen fördern beim späteren Räuchern des Schinkens den Befall durch schädliche Bakterien.

● Abtrennen des Hinterviertels mit Schinken, Eisbein und Spitzbein. Das Rückgrat wird am zweiten Wirbel von hinten durchtrennt und zum Bauch hin abgeschnitten.

● Abtrennen des Vorderviertels mit Kamm, Brust, Bug, Eisbein und Spitzbein. Das Rückgrat wird an der fünften Rippe durchtrennt und zum Bauch hin abgeschnitten.

● Abtrennen des Kopfes vom Vorderviertel. Der Schnitt beginnt hinter dem Ohr und führt zur Einstichstelle am Hals. Das Genick wird abgedreht.

Feinzerteilung

Es liegen jetzt zwei Hälften des Kopfes, zwei Vorderviertel, zwei Mittelteile (Kotelettstrang und Bauch), zwei Hinterviertel und zwei Filets zur weiteren Verarbeitung bereit. Wir gehen wie folgt vor:

Kopf

Von dem Kopf werden das Ohr und die Schnauze abgetrennt und in eine Schüssel gelegt. Danach wird die Backe ausgelöst und in eine weitere Schüssel gelegt. Aus der Innenseite des Kopfes werden Hirn, Drüsen und Unterkiefer herausgelöst.

Vorderviertel

● Der Bug wird herausgetrennt. Dazu wird das Vorderviertel auf die Knochenseite gelegt und mit dem Messer ein etwa drei Zentimeter tiefer Schnitt um das Schulterblatt herum geführt. Das Bein wird hochgebogen und das Messer in die Schultertasche eingeführt und der Bug vollends herausgeschnitten.

SPEZIALITÄT

Die Schweinebacke wird später gepökelt und geräuchert. Sie ist im Holsteinischen eine Delikatesse zu Grünkohl.

● Der Bug wird wie folgt weiterverarbeitet: Von dem Bug wird zunächst das Spitzbein entfernt. Das Spitzbein wird dazu am Fußgelenk eingeschnitten, abgebogen und dann durchtrennt. Das Spitzbein kommt mit in eine Schüssel zu der Schnute und den Ohren.

● Als nächstes wird das Eisbein durch einen geraden Schnitt am Ellbogengelenk gelöst und abgeschnitten. Das Eisbein wird in eine separate Schüssel gelegt.

● Da wir das Bugfleisch zu Wurst verarbeiten wollen, muss es besonders behandelt werden. Es wird abgeschwartet und vom Knochen gelöst. Schwarte und Fleisch werden getrennt in einer Schüssel aufbewahrt.

● Vom restlichen Teil des Vorderviertels wird der Nacken abgelöst, abgespeckt und abgeschwartet. Das Fleisch und die Knochenteile werden getrennt abgelegt. Die Schwarte kommt zu der anderen Schwarte und das Fett zum Bugfleisch.

Mittelstück

● Es wird in Kotelett und Bauch zerlegt.

● Der Kotelettstrang wird vom Bauch getrennt. Dazu wird das Fleisch mit den Rippen nach oben gelegt und die gewünschte Länge der Koteletts auf den Rippen angeritzt; sie sollten etwa zwei Zentimeter vom Bauch mit einschließen. Entlang der eingezeichneten Linie werden dann die Rippen durchsägt und der Strang anschließend abgeschnitten.

● Nun wird der Speckstreifen zusammen mit der Schwarte mit einem scharfen Messer von dem Kotelettstrang gelöst. Es empfiehlt sich, eine etwa einen halben Zentimeter dicke Fettschicht an den Koteletts zu lassen, denn sie sind dadurch lagerfähiger und schmecken frischer. Der Speck kann später weiterverarbeitet werden: Er wird entweder zu fettem Speck geräuchert oder entschwartet zu Wurst verarbeitet. Dazu wird das Fett von der Schwarte getrennt und zu der anderen Schwarte bzw. zum Fett gegeben.

● Als letzter Arbeitsgang werden die einzelnen Koteletts geschnitten. Wir bevorzugen sie mit Knochen, da sie sich dann beim Braten weniger zusammenziehen. Zwischen den Rippen werden die Stücke bis auf die Rückenknochen ein-

ÜBERSICHT
Beim Zerteilen des Schweines ist es wichtig, dass die einzelnen Stücke sortiert und in vorbereitete Schüsseln gelegt werden.

geschnitten und dann mit einer Säge oder einem kleinen Spalter getrennt. Die Koteletts werden ebenfalls in eine eigene Schüssel gelegt.

● Nun können noch die Rippen vom Bauchfleisch getrennt werden. Dazu wird der durchwachsene Speck zusammen mit der Schwarte mit einem Messer von den Rippen gelöst. Er kann als durchwachsener Speck geräuchert oder mit zu Wurst verarbeitet werden. Fett und Schwarte werden in getrennten Schüsseln aufbewahrt. Aus den so behandelten Rippenstücken wird später Weißsauer und gefüllte Rippe zubereitet.

Hinterviertel

● Zuerst werden das Spitzbein und das Eisbein wie beim Vorderviertel abgeschnitten. Danach wird das Schwanzteil abgetrennt und der Schinken zerlegt.

Da später nur ein Schinken geräuchert werden soll, wird der zweite Schinken für Bratenfleisch zugeschnitten.

Folgende Arbeitsschritte sind dazu nötig:

● Als Erstes wird das Schwanzfederbein vom Schlossknochen gelöst. Anschließend wird am Schlossknochen entlang bis zur Gelenkpfanne geschnitten und das Gelenk durchtrennt. Der Knochen wird entfernt.

● Als Nächstes wird der Rohrknochen herausgelöst. Dazu wird entlang der Gewebenaht zwischen Oberschale und Nuss bis zum Knochen geschnitten. Das Fleisch wird vom Knochen getrennt, der Knochenkopf an der Kniescheibe freigelegt und herausgenommen. Dann wird die Kniescheibe entfernt.

● Wenn gewünscht, kann jetzt die Schwarte vom Fleisch abgetrennt werden. Etwas Fett sollte aber aus Geschmacksgründen am Fleisch belassen werden, damit es sich frischer hält und würziger schmeckt.

● Nachdem das Hinterviertel entbeint und gegebenenfalls die Schwarte abgezogen ist, werden die einzelnen Fleischstücke entlang der Nähte in weitere Fleischstücke zerteilt, und zwar in Oberschale (Schnitzelstück), Schinkenstück (Unterschale), Nuss (Kugel) und Schinkenspeck (Hüfte, Huft).

SPECK

Speck ist vielseitig verwendbar. Er kann geräuchert werden und ist unverzichtbar bei der Wurstherstellung.

FORMGEBUNG

Unter Putzen versteht man das Abschneiden loser oder überhängender Fleisch- und/oder Fettteile. Vor allem beim Schinken ist es wichtig, dass die Fleischfläche glatt und die Kanten gut abgerundet sind.

Putzen

Nachdem alle Fleischteile zerlegt wurden, werden sie sorgfältig geputzt.

Unebenheiten und Einschnitte sind ideale Angriffsflächen und Brutplätze für schädliche Mikroorganismen. Die zum Braten vorgesehenen Teile werden durch das Putzen zu kompakten, ansprechend aussehenden und in der Küche gut verwertbaren Fleischstücken geformt. Die abgeschnittenen Fleisch- und Fettteile kommen in eine Schüssel und werden zu Wurst verarbeitet.

Verwendung in der Küche

● Braten – Zum Braten eignen sich besonders Nacken und Schinken.
● Kurzbraten – Zum Kurzbraten eignen sich Filet, Schnitzel und Kotelett.
● Grillfleisch – Zum Grillen werden Kamm, Kotelett, Filet, Schinken und Rippen verwendet. Als Kasseler eignen sich Kotelettstrang und Kamm.
● Kochfleisch – Zum Kochen eignen sich Bauch, Eisbein, Kopf und durchwachsene Stücke.
● Räucherware – Zum Pökeln und als Räucherware nimmt man Schinken, Kotelett (Lachsschinken), Bauch (magerer Speck), Ohren, Schnauze, Backen, Rückenfett (fetter Speck), Kamm, Vorderschinken.
● Sülze – Für die Sülze wird der Kopf verwendet.

Wursten

In diesem Abschnitt befassen wir uns mit der Zubereitung von Roh- und Kochwürsten sowie einiger Spezialitäten. Einige Wurstsorten, die bei uns sehr beliebt sind, können im Rahmen des Hauswurstens leider nicht produziert werden. Die Zubereitung von Brühwürsten wie Wiener, Frankfurter, Bierschinken etc. werden wir daher nicht beschreiben. Um diese Würste auch nur mit durchschnittlicher Qualität herzustellen, benötigt man einen Kutter, dessen Anschaffung für den Hausgebrauch normalerweise zu teuer ist.

Rohwurst

Bei der Rohwurstherstellung wird Schweinefleisch oft mit Rindfleisch gemischt, um besonders trockene, schnittfeste, schmackhafte und lagerfähige Würste zu erhalten.

Haben Sie nur ein Schwein geschlachtet, müssen Sie das benötigte Rindfleisch dazu kaufen. Sie können die Rohwürste jedoch auch nur aus Schweinefleisch herstellen. In diesem Fall ersetzen Sie den in den Rezepten aufgeführten Rindfleischanteil durch mageres, entsehntes Schweinefleisch.

Würzung

Die angegebenen Gewürze sind nach Art und Menge auf den Durchschnittsgeschmack abgestimmt. Sie können sie nach Ihren Vorlieben variieren.

Schmecken Sie die Wurstmasse während des Würzens wiederholt ab, um die für Sie richtige Intensität herauszufinden. Die Wurstrohmasse muss kräftig schmecken, denn zum Zeitpunkt des Probierens haben sich die Gewürze noch nicht mit dem Fleisch verbunden. Sie ziehen erst allmählich in die Fleischteilchen ein. Der Geschmack wird milder und rundet sich ab.

Als Neuling sollten Sie mit kleineren Mengen beginnen. Wenn Ihnen einmal einige Würste nicht gelingen, ist es weniger ärgerlich, als wenn etliche Kilogramm Wurstrohmasse verwürzt wurden.

Mengenangaben

Die Rezepte sind für drei Kilogramm Wurstrohmasse ausgelegt. Weniger herzustellen ist kaum sinnvoll. Möchten Sie mehr Würste herstellen, rechnen Sie die Rezeptangaben auf ein Kilogramm zurück, indem Sie sie durch drei teilen. Multiplizieren Sie sie dann mit der gewünschten Menge in Kilogramm. Für 15 Kilogramm Wurstrohmasse bedeutet das: Rezeptangaben geteilt durch drei mal 15.

Bevor Sie mit der Wurstzubereitung beginnen, sorgen Sie für peinliche Sauberkeit des Arbeitsplatzes, der Geräte und der Arbeitskleidung. Sauberkeit ist Grundvoraussetzung für das Gelingen.

GEFÜHL

Das Würzen ist eine Entscheidung des persönlichen Geschmacks, des Fingerspitzengefühls und der Erfahrung. Notieren Sie sich, welche Gewürzmischungen Sie für welche Wurst verwendet haben, damit Sie für spätere Versuche Vergleichsdaten besitzen.

Die Herstellung von Rohwürsten

Folgende Punkte sollten Sie bei der Rohwurstzubereitung beachten:

● Für die Hobbywursterei eignet sich nur die kalte Jahreszeit. Ohne professionelle Kühlräume würden die Würste im Sommer verderben, noch bevor sie ausgereift sind.

● Das Fleisch und der Speck müssen kalt, am besten leicht angefroren sein, da das Fett bei der Verarbeitung sonst schmierig wird und sich nicht richtig mit den Fleischteilchen zu einer homogenen Masse verbindet. Aus dem gleichen Grund sollte die Temperatur im Arbeitsraum nicht über 15 °C betragen.

FLEISCHAUSWAHL
Ältere Tiere eignen sich besser für die Verarbeitung zu Rohwürsten, denn ihr Fleisch ist trockener als das von jungen Tieren. Zudem ist der Säuregrad höher, was die Wurst haltbarer macht.

● Das Ausgangsmaterial für Rohwürste besteht aus rohem, zerkleinertem Fleisch, frischem Speck, Salz und Salpeter oder Nitritsalz, Zucker sowie Gewürzen. Das Fleisch sollte möglichst trocken sein, d. h., für Rohwürste eignet sich am besten Fleisch von älteren Schweinen und Rindern. Drüsen und Sehnen müssen entfernt sein. Fleisch von ganz jungen Tieren ist für Rohwurst, sofern sie als Dauerwurst gedacht ist, nicht geeignet.

● Das Fleisch, Fett und die anderen Zutaten müssen stets trocken verarbeitet werden.

● Die Rohwürste werden in schnittfest und streichfähig unterteilt. Beide Wurstarten werden in der Regel kaltgeräuchert. Die schnittfeste Rohwurst wird im Gegensatz zur streichfähigen durch längere Räucher-, Trocknungs- und Reifezeiten schnittfest und lagerfähig gemacht (Dauerwurst).

● Die Fleischmesser und die Messer des Fleischwolfes müssen scharf sein. Das Fleisch muss geschnitten und darf nicht zerrissen werden, da sonst Wurstfehler auftreten.

Wurstfehler

Entscheidend für das Gelingen von Würsten ist die hohe Qualität der Ausgangsprodukte. Fehler schleichen sich leicht bei falschen Verarbeitungstemperaturen oder zu geringer Luftfeuchtigkeit beim Reifen der Würste ein, aber auch, wenn die Därme zu schwach gestopft werden.

Grundrezept für schnittfeste Rohwurst

Zutaten

$1/3$ mageres entsehntes Schweinefleisch, z. B. Schweine-schulter. Es kann auch Putzfleisch – Fleisch, das beim Zu-schneiden von Schinken und Braten anfällt – genommen werden.

$1/3$ fettes Fleisch oder kerniger Speck ohne Schwarte vom Rücken oder vom Kamm

$1/3$ mageres, entsehntes Rindfleisch

Gewürze pro kg Wurstmasse

24 – 28 g Kochsalz

0,3 g Salpeter (in der BRD Kaliumnitrat)

3 g weißer Pfeffer oder 2 g weißer und 1 g schwarzer Pfeffer

4 g Zucker

Därme

Naturdärme (weite Mitteldärme) oder Kunstdärme Kaliber 60/50.

Zubereitung

1 Das Fleisch und das Fett in 3 bis 4 Zentimeter große Stücke schneiden.

2 Das Material gut durchkühlen lassen. Es sollte nicht wär-mer als 3 °C sein.

3 Das Rindfleisch durch die grobe Scheibe des Fleischwol-fes drehen.

4 Das Schweinefleisch, den Speck, die Rindfleischmasse und die Gewürze gründlich miteinander vermischen.

5 Die Mischung durch die kleine Scheibe des Fleischwolfes drehen. Es muss zügig gearbeitet werden, damit das Fett nicht schmierig wird und die Poren des mageren Fleisches verschmiert.

6 Ist das Fleisch warm geworden, muss es erneut gekühlt werden.

7 Die Mischung gründlich durchkneten. Die einzelnen Fleisch- und Fettpartikel müssen sich homogen miteinan-der verbinden.

8 Die Wurstrohmasse auf 3 °C kühlen.

QUALITÄT

Nehmen Sie nur hochwertige Aus-gangsprodukte, also Fleisch von älteren Tieren, gut gekühl-ten Speck und fri-sche Gewürze zum Wursten, dann wer-den Sie auch mit dem Ergebnis zufrieden sein.

1 + 3 *Drehen Sie das in Stücke geschnittene Fleisch durch den Fleischwolf.*

4 *Vermischen Sie das Schweinefleisch, den Speck, die Rindfleischmasse und die Gewürze.*

5 *Drehen Sie die Mischung zügig durch die kleine Scheibe des Fleischwolfes.*

7 *Kneten Sie die Mischung so durch, dass sich Fleisch- und Fettpartikel verbinden.*

2 + 3 *Schieben Sie den Darm auf den Füll-aufsatz und binden Sie ihn zu.*

4a *Stopfen Sie Bälle aus Wurstrohmasse in den Fleischwolf.*

4b *Stopfen Sie die Würste so fest, dass Sie keine Delle mehr hineindrücken können.*

6 *Hängen Sie die mit einem Wurstband ab-gebundene Wurst über einen Stock.*

Stopfen der Därme

Zum Stopfen der Würste wird die Hilfe einer weiteren Person benötigt.

1 Werden die Därme des geschlachteten Schweines verarbeitet, holt man sich die entsprechenden Größen aus dem warm gestellten Gefäß (siehe Seite 42f.).

Sollen gekaufte Naturdärme verwendet werden, müssen diese Därme zwölf Stunden vorher in kaltem Wasser eingeweicht werden. Ein gründliches Wässern verhindert später einen Salzausschlag und sorgt dafür, dass die Därme auf ihre ursprüngliche Größe aufquellen.

Kunstdärme brauchen nur angefeuchtet zu werden, da sie kaum quellen.

Kunststoffdärme dürfen nicht verwendet werden, weil sie keine Feuchtigkeit abgeben und nicht geräuchert werden können.

2 Auf den Fleischwolf muss ein Füllaufsatz passend zur Darmgröße aufgesetzt werden.

3 Der zu füllende Darm wird vollständig auf den Füllaufsatz geschoben. Das Ende wird mit einem Wurstband fest zugebunden.

4 Um den Darm zu stopfen, formt ein Mitglied des Teams kleine Bälle aus der Wurstrohmasse und stopft sie so in den Fleischwolf, dass an einer Seite ein kleiner Luftspalt zwischen Walze, Öffnung und Wurstrohmasse bestehen bleibt. Die Luft im Innenraum des Fleischwolfes muss nach oben entweichen können. Sie darf nicht in den Darm gepresst werden. Mit der anderen Hand wird die Kurbel des Fleischwolfes bedient. Über die Walze und den Füllaufsatz wird die Rohmasse in den Darm befördert.

Die zweite Person hält den Darm auf dem Wurstaufsatz mit beiden Händen so fest, dass er nur durch kräftigen Druck der Wurstmasse vom Füllaufsatz gezogen werden kann. Wahrscheinlich müssen Sie diesen Vorgang beim ersten Wursten einige Male üben. Entscheidend ist, dass die Rohwurst ganz fest gestopft wird. Lufteinschlüsse bedeuten graue Stellen, Schimmelwachstum und Ranzigwerden. Die Wurst ist fest gestopft, wenn man mit dem Daumen keine Delle hineindrücken kann.

WURSTHÜLLE
Für Rohwurst sollten Sie keine Kunststoffdärme verwenden – sie können nicht geräuchert werden und hindern die Wurst am Trocknen.

5 Ist der Darm gefüllt, wird er mit Wurstband abgebunden. Dabei soll noch Wurstmasse in das freie Ende gedrückt werden. Nur so kann vermieden werden, dass Luft in die Wurst gelangt. Nach dem ersten Abbinden wird das freie Ende des Darms umgebogen und quer zum ersten Abbinden nochmals abgebunden. Das lose Ende des Wurstbands wird zu einer Schlaufe verknüpft.

6 Die fertige Wurst wird an der Schlaufe über einen Stock gehängt.

Reifen

Nachdem alle Würste gestopft sind, kommen die Würste zum Reifen in einen kühlen, dunklen, aber gut belüfteten Raum. Die Temperatur sollte um 15 °C liegen und die Luftfeuchtigkeit möglichst 75 bis 85 Prozent betragen. Ist die Luftfeuchtigkeit zu niedrig, kann der Wurstrand austrocknen, während der Kern feucht bleibt. Eine solche Wurst ist nicht lagerfähig. Passieren Ihnen solche Fehler, müssen Sie die Luftfeuchtigkeit im Trockenraum durch Versprühen von Wasser oder Aufstellen von Schüsseln mit Wasser erhöhen. Die betroffenen Würste können Sie noch retten, wenn Sie sie 20 bis 30 Minuten in lauwarmes Wasser legen. Die Reifezeit beträgt bei Würsten mittlerer Stärke bis zu zwei Wochen. Bei kühleren Temperaturen verlängert sich die Reifezeit entsprechend. Die Umrötung und Reifedauer hängt auch vom dem Durchmesser der Würste ab. Dünne Würste reifen schneller, dicke Würste benötigen dazu etwas mehr Zeit.

Während des Reifens muss am Lagerplatz eine gleichmäßige Temperatur und Luftfeuchtigkeit herrschen. Können diese Voraussetzungen nicht gewährleistet werden, müssen die Würste von Zeit zu Zeit umgehängt werden. Beim Auf- bzw. Umhängen muss darauf geachtet werden, dass die Würste sich nicht berühren, die Luft gleichmäßig um die Würste zirkulieren kann und sie keiner Zugluft ausgesetzt sind. Zugluft trocknet die Würste einseitig ab und verursacht Wurstfehler.

Am Ende des Reifungsprozesses besitzt die Wurst eine kräftige rote Farbe und eine feste Konsistenz.

TROCKNEN

In wochenlanger Reifezeit werden die Würste trocken und fest. Temperatur und Feuchtigkeit des Lagerraumes entscheiden über das Gelingen des Reifens.

Räuchern

Nach dem Umröten/Reifen werden die Würste kalt, d. h. bei Temperaturen unter 20 °C, geräuchert. Das Räuchern kann je nach Wurstart, Stärke der Wurst und Rauchverfahren einige Tage oder gar Wochen dauern. Damit die Wursthüllen nicht zu sehr austrocknen und spröde werden, sollte die Luftfeuchtigkeit im Räucherraum bei 75 bis 80 Prozent liegen. Haben die Würste eine kräftige Rauchfarbe angenommen, können sie aus dem Rauch genommen werden.

Möchten Sie die Dauerwürste nicht ganz so fest und kräftig im Rauchgeschmack haben, können Sie die Trocknungszeit und/oder die Räucherzeit etwas verringern.

Lagern

Die Rohwürste sollen kühl, dunkel und trocken aufbewahrt werden. Die Lagertemperatur liegt am besten um 10 °C, sollte jedoch nicht unter 5 °C sinken. Während der nächsten Wochen erhalten die Würste ihre Endreife.

AROMA

Räuchern in aromatischem Holz verbessert Geschmack und Haltbarkeit von Würsten. Die Auswahl des Holzes ist von entscheidender Bedeutung: Verwenden Sie nie chemisch vorbehandeltes oder zu harzreiches Holz!

Nach dem Räuchern sind die Rohwürste nicht nur ausgezeichnet haltbar, sondern sie entwickeln im Laufe der Wochen ihr volles Aroma und ihre volle Reife.

BAUERNMETTWURST NACH MÜNSTERLÄNDER ART

1 kg mageres Schweinefleisch	
1 kg mageres Rindfleisch	
1 kg entschwarteter Speck	
75 g Salz	
1 g Salpeter	
9 g Zucker	
9 g gemahlener weißer Pfeffer	
6 EL Senfkörner	

Zubereitung

1 Das gekühlte Schweinefleisch durch die grobe Scheibe, das Rindfleisch durch die feine Scheibe des Fleischwolfes drehen.

2 Den Speck in feine Würfel schneiden.

3 Die Masse mit den Gewürzen vermengen und gut durchkneten. Mit den Gewürzen abschmecken.

4 Wie im Grundrezept beschrieben in mittlere Därme füllen, längere Zeit reifen lassen und anschließend kalträuchern.

UNGARISCHE SALAMI

2 kg mageres entsehntes Schweinefleisch	
1 kg entschwarteter Rückenspeck oder fette Schweinebrust	
84 g Salz	
1 g Salpeter	
12 g Zucker	
3 g gemahlener weißer Pfeffer	
3 g Kardamom	
3 g Muskatnuss	
3 g Macis	
1 cl Rotwein	
1½ Knoblauchzehen	

Zubereitung

1 Das gekühlte, trockene Schweinefleisch zusammen mit dem in 1 Zentimeter große Stücke geschnittenen Speck durch die grobe Scheibe des Fleischwolfes drehen.

2 Die Rohmasse wird über Nacht auf 2 bis 3 °C abgekühlt.

3 Am nächsten Morgen die Masse mit den Gewürzen und dem Wein vermischen.

4 Nochmals durch die mittlere Scheibe drehen und gut durchkneten. Mit den Gewürzen abschmecken.

5 Die Masse zu Ballen werfen. Durch das In-Ballen-Werfen werden vorhandene Lufteinschlüsse entfernt.

6 Anschließend lässt man die Rohmasse bei 15 °C zwei Tage lang ruhen. Die Wurstrohmasse danach in große Därme Kaliber 80/90 stopfen, langsam reifen lassen und kalträuchern.

FEINHEITEN

Schneiden Sie ungarische Salami in ganz feinen Scheiben auf. So entfaltet sich ihr würziger Geschmack am besten.

SCHINKENPLOCKWURST

2,25 kg mageres Schweinefleisch
750 g kerniger Speck vom Rücken
75 g Salz
1 g Salpeter
6 g Zucker
9 g gemahlener weißer Pfeffer

Zubereitung

1 Das Schweinefleisch und den durchgekühlten Speck durch die grobe Scheibe des Fleischwolfes drehen.

2 Die Masse mit den Gewürzen vermengen, gut durchkneten und abschmecken.

3 Wie beschrieben in mittlere Därme stopfen und langsam reifen lassen. Nach Reifeabschluss noch zusätzlich kalträuchern.

KATENWURST

ZUCKERKOMBINAT ist eine Mischung aus Einfachzucker, Doppelzucker und Dextrin. Sie können es bei Ihrem Fleischer oder im Fleischereifachhandel kaufen.

1,35 kg grob entfettetes Schweinefleisch
600 g mageres Rindfleisch
1,05 kg kerniger entschwarteter Speck
84 g Salz
1 g Salpeter
15 g Zuckerkombinat
6 g gemahlener weißer Pfeffer
1,5 g weiße Pfefferkörner
1,5 g Ingwer
1,5 g Knoblauchauszug mit Rum

Zubereitung

1 Das Schweinefleisch und das Rindfleisch durch die grobe Scheibe des Fleischwolfes drehen.

2 Den Speck in bohnengroße Würfel schneiden.

3 Das Fleisch und den Speck auf ca. 4 °C abkühlen.

4 Das Fleisch, den Speck und die Gewürze vermengen, durch die mittlere Scheibe drehen, gut durchkneten und abschmecken.

5 In mittlere Wursthüllen stopfen, langsam reifen lassen und kalträuchern.

Italienische Salami hat einen typischen Geschmack, der sie hier zu Lande sehr beliebt macht.

POMMERSCHE METTWURST

900 g durchwachsenes Schweinefleisch	
1,5 kg mageres Rindfleisch	
75 g Salz	
1 g Salpeter	
600 g Rückenspeck (ohne Schwarte)	
9 g gemahlener weißer Pfeffer	

Zubereitung

1 Das gekühlte Schweinefleisch durch die feine Scheibe des Fleischwolfes drehen.

2 Das Rindfleisch mit dem Salz und dem Salpeter ebenfalls durch die feine Scheibe drehen.

3 Den Speck in etwa bohnengroße Stücke schneiden.

4 Das Schweinefleisch mit dem Speck, dem Rindfleisch und dem gemahlenen Pfeffer vermengen und gut durchkneten. Danach abschmecken.

5 Die Wurstmasse wie beschrieben in Därme stopfen, langsam reifen lassen und kalträuchern.

ITALIENISCHE SALAMI

1,125 kg mageres Schweinefleisch (von schweren Schweinen)	
1 kg Rückenspeck	
875 g mageres Rindfleisch (vorzugsweise von Weidebullen)	
12 g Traubenzucker	
84 g Salz	
1 g Salpeter	
9 g grob gemahlener weißer Pfeffer	
1,2 g Kardamom	
1/2 Knoblauchzehe	
1 cl Chianti	

Zubereitung

1 Das Schweinefleisch durch die grobe Scheibe des Fleischwolfes drehen.

2 Den Rückenspeck in grobe Stücke schneiden.

3 Das Rindfleisch mit dem Traubenzucker durch die kleine Scheibe des Fleischwolfes drehen.

4 Das durchgedrehte Rind- und Schweinefleisch und die Speckstücke mit der Hälfte der Gewürze vermischen und nochmals durch die mittlere Scheibe drehen.

5 Die andere Hälfte der Gewürze und den Chianti dazugeben und gut durchkneten.

6 Die Rohmasse abschmecken, zu luftfreien Ballen werfen. Zwei Tage bei 15 °C ruhen lassen.

7 Die Wurstmasse danach in weite Därme stopfen, langsam reifen lassen und kalträuchern.

RÄUCHERN

Allen noch so unterschiedlich gewürzten Rohwurstspezialitäten ist gemeinsam, dass sie sehr langsam reifen und anschließend noch kaltgeräuchert werden.

Streichfähige Rohwurst

Streichfähige Rohwurst wird im Prinzip aus dem gleichen Material und nach dem gleichen Verfahren hergestellt wie die schnittfeste Rohwurst.

Es gibt jedoch einige Unterschiede, die vor allem das Reifen und Lagern betreffen. Ein hoher Anteil von Speck sorgt für die Streichfähigkeit der Rohwurst.

Die wesentlichen Unterschiede sind:

- Fleisch und Fett brauchen nicht nach so strengen Qualitätskriterien ausgewählt zu werden wie bei Dauerwürsten. Als Fleisch kann auch das Putzfleisch, das beim Zuschneiden von Schinken oder Braten anfällt, verarbeitet werden. Für streichfähige Rohwürste gilt jedoch, wie für alle anderen Wurstsorten auch, je besser das Rohmaterial, desto besser wird die Wurst werden.

FETT
Streichfähige Rohwurst soll weich und cremig sein. Dies wird durch einen hohen Fettanteil erzielt.

- Da die Wurst gut streichfähig sein soll, wird nicht kerniges, sondern möglichst schmieriges Fett wie Bauchabschnitte, Griffe (Bauchlappen) und Flomen verwendet.
- Das Fett soll die Fleischteile in der Wurst mit einem Fettfilm umschließen.
- Der Fettanteil soll zwischen 45 und 70 Prozent liegen, sonst ist die Wurst nicht streichfähig genug .
- Salpeter darf nicht verwendet werden, weil das Umröten/Reifen, das Räuchern und das Nachreifen erheblich schneller verläuft als bei schnittfester Dauerware.
- Im Durchschnitt benötigen streichfähige Würste vier Tage zum Umröten/Reifen, zwölf Stunden zum Räuchern und zwei Tage zum Nachreifen. Die Würste sind bereits nach einer Woche verbrauchsfertig.
- Anstelle von Salz und Salpeter wird Nitritsalz verwendet.
- Wegen der kurzen Reife- und Räucherzeiten ist die streichfähige Wurst nicht so lange lagerfähig wie Dauerwurst. Sie sollte deshalb zügig verbraucht oder eingefroren werden.
- Als Wursthülle eignen sich mittelweite Kunstdärme oder Naturdärme.
- Streichfähige Rohwurst wird nach Streichmettwurst und nach Teewurst unterschieden.

Streichmettwurst

Mettwürste sind die kräftiger gewürzte, im Vergleich zu den Teewürsten etwas grobere und weniger cremige Variante der streichfähigen Rohwurst. Mettwürste eignen sich auch zum Kochen in Eintöpfen.

THÜRINGER METTWURST

3 kg Schweinefleisch	
72 g Nitritpökelsalz	
6 g Zucker	
0,75 g Majoran	
6 g Pfeffer	
3 g Kümmel	

Zubereitung

1 Das ganze Schweinefleisch durch die mittlere Scheibe des Fleischwolfes drehen.

2 Mit Pökelsalz und Gewürzen vermischen, gut durchkneten und abschmecken.

3 In Därme füllen, paarweise zu 150 Gramm abdrehen, reifen lassen und anschließend kalträuchern.

FEINE STREICHMETTWURST

1 kg Schweineschulter oder Putzfleisch	
1 kg schmalziger Speck (Bauch, Flomen)	
1 kg fettes Rindfleisch	
72 g Nitritpökelsalz	
1,5 g Askorbinsäure	
6 g gemahlener weißer Pfeffer	
3 g Rosenpaprika	
1,5 g Macis	
6 g Zucker	

Zubereitung

1 Das Schweinefleisch und den Speck klein schneiden.

2 Das Rindfleisch durch die feine Scheibe des Fleischwolfes drehen.

3 Das Rindfleisch mit dem Schweinefleisch und dem Speck vermischen und nochmals durch die kleine Scheibe drehen.

4 Danach die Mischung mit den Gewürzen vermengen und zu einer homogenen Masse verkneten.

5 Nochmals mit Pfeffer, Rosenpaprika, Macis und Zucker abschmecken.

6 Die Därme wie bei schnittfester Rohwurst stopfen.

7 Vier Tage bei 15 bis 18 °C und 80 Prozent Luftfeuchtigkeit umröten lassen. 12 Stunden kalträuchern und zwei Tage bei 13 bis 15 °C nachreifen lassen.

GEWÜRZE

Unverzichtbare Wurstgewürze sind Pfeffer und Salz. Geschmacksbildende Gewürze wie Macis (Muskatblüte), Paprika und Majoran geben der Wurst ihren charakteristischen Geschmack.

BRAUNSCHWEIGER STREICHMETTWURST

FETTGEHALT
Mettwürste können sehr üppig sein, weil man das in ihnen steckende Fett nicht direkt sieht und schmeckt. Sie haben es selbst in der Hand, ob Sie deftige, kalorienreiche oder zarte, magere Varianten bevorzugen.

750 g mageres Schweinefleisch
750 g mageres Rindfleisch
72 g Nitritpökelsalz
6 g Zucker
9 g Pfeffer
1,5 kg Speck

Zubereitung

1 Das Schweinefleisch grob vorschneiden.

2 Das Rindfleisch fein vorhacken.

3 Beide Fleischsorten gut miteinander vermischen, mit Nitritpökelsalz, Zucker und Pfeffer abschmecken und durch die feine Scheibe des Fleischwolfes drehen.

4 Den Speck würfeln und durch Kneten mit der Rind- und Schweinefleischmischung vermengen.

5 Die Rohmasse durch die feine Scheibe des Fleischwolfes drehen und sehr sorgfältig durchkneten.

6 Abschmecken, in Därme zu etwa 125 Gramm abfüllen, dann reifen lassen und kalträuchern.

GROBE STREICHMETTWURST

2 kg fettes Schweinefleisch
1 kg fettes Rindfleisch
69 g Nitritpökelsalz
6 g Zucker
1,5 g Askorbinsäure
6 g gemahlener weißer Pfeffer
3 g edelsüßer Paprika
1,5 g Macis
3 g Kümmel
1¹/₂ Knoblauchzehen

Zubereitung

1 Das Schweinefleisch und drei Viertel des Rindfleisches klein schneiden.

2 Das restliche Viertel des Rindfleisches durch die feine Scheibe des Fleischwolfes drehen.

3 Das Fleisch gut mit den Gewürzen vermischen, nochmals durch die mittlere Scheibe des Fleischwolfes drehen und sorgfältig zu einer homogenen Massen verkneten.

4 Mit Pfeffer, Paprika, Macis, Kümmel, Knoblauch und dem Pökelsalz nochmals abschmecken.

5 Die Wurstmasse in die Wursthüllen stopfen. Achten Sie darauf, keine Luftblasen in die Wursthüllen einzuschließen.

6 Die Würste reifen lassen und anschließend räuchern wie bei der feinen Streichmettwurst.

Teewurst

Eine besonders feine Variante der Streichwürste sind die Teewürste. Sie werden mit Gewürzen raffiniert abgeschmeckt. Rügenwalder Teewurst ist dabei ein Klassiker.

RÜGENWALDER TEEWURST

600 g magerer Schweinebauch	
900 g mageres Schweinefleisch	
600 g Rindfleisch	
72 g Nitritpökelsalz	
600 g Speck	
300 g angeräucherter Speck	
6 g Zucker	
1,5 g Askorbinsäure	
1,5 g Macis	
6 g gemahlener weißer Pfeffer	
3 g edelsüßer Paprika	
0,6 g Kardamom	
1,2 g Ingwer	

Zubereitung

1 Das Fleisch grob vorschneiden und mit dem Nitritpökelsalz vermischen.

2 Das Fleisch durch die feine Scheibe des Fleischwolfes drehen und 12 Stunden bei etwa 8 °C kühlen.

3 Den gesamten Speck ebenfalls durch die feine Scheibe drehen und 12 Stunden bei 8 °C kühlen.

4 Die Rohmasse mit den Gewürzen vermischen.

5 Die Masse durch die feine Scheibe drehen und gut durchkneten. Mit den Gewürzen abschmecken.

6 Die Würste reifen lassen.

7 Anschließend kalträuchern und nochmals nachreifen lassen.

SCHÄRFE

Die Schneidewerkzeuge müssen sehr scharf und rostfrei sein, sonst wird das Fleisch gequetscht und die daraus entstehende Wurst leicht schmierig und grau bzw. gelb.

Rügenwalder Teewurst ist ein köstlicher Aufstrich für kräftige, dunkle Brote.

FEINE TEEWURST

900 g Speck	
1,5 kg grob entfettetes Schweine-fleisch	
600 g mageres Rindfleisch	
78 g Nitritpökelsalz	
6 g Dextrose	
1,2 g Natriumaskorbat	
6 g gemahlener weißer Pfeffer	
3 g edelsüßer Paprika	
1,5 g Kardamom	
1 cl Rum	

Zubereitung

1 Den Speck durch die feine Scheibe des Fleischwolfes drehen und über Nacht bei ca. 0 °C kühlen.

2 Das Schweine- und Rindfleisch grob vorschneiden und mit dem Nitritpökelsalz mischen.

3 Die Masse durch die feine Scheibe drehen und über Nacht bei ca. 8 °C kühlen.

4 Danach den Speck und die Fleischmasse mit den Gewürzen und dem Rum vermischen, durch die feine Scheibe drehen und gut verkneten. Abschmecken.

5 Die Wurstmasse in Därme füllen, reifen lassen, kalträuchern und nochmals nachreifen lassen.

Rohwurst zum Kochen

Diese Würste werden zwar roh zubereitet, aber ausschließlich gekocht verzehrt.

KOCHWURST

MISCHUNG
Rohwurst wird fast immer aus einer Mischung von Schweinefleisch, Rindfleisch und Speck zubereitet. Der Anteil von fettem und magerem Fleisch ist je nach Sorte unterschiedlich.

1,5 kg mageres Schweinefleisch	
750 g entschwarteter Speck	
750 g Rindfleisch	
75 g Nitritpökelsalz	
1,5 g Zucker	
9 g gemahlener weißer Pfeffer	
3 g gemahlener Ingwer	

Zubereitung

1 Das Schweinefleisch und den Speck durch die grobe Scheibe des Fleischwolfes, das Rindfleisch durch die feine Scheibe des Fleischwolfes drehen.

2 Mit Nitritpökelsalz und Gewürzen vermengen und abschmecken.

3 Danach in dünne Schweinedärme füllen, zu Paaren abdrehen und abbinden.

4 Eine Nacht in einem nicht zu kühlen, luftigen Raum trocknen lassen.

5 Anschließend kalt goldgelb räuchern.

POLNISCHE KOCHWURST

2 kg Schweinefleisch	
1 kg Rindfleisch	
84 g Nitritpökelsalz	
3 g Zucker	
6 Knoblauchzehen	
9 g gemahlener weißer Pfeffer	
1,5 g Kümmel	
0,9 g Majoran	

Zubereitung

1 Das Schweinefleisch durch die grobe Scheibe, das Rindfleisch durch die feine Scheibe des Fleischwolfes drehen.

2 Die Fleischmasse mit den Gewürzen gut vermischen, durchmengen und danach abschmecken.

3 In dünne Schweinedärme stopfen, zu Paaren abdrehen und abbinden.

4 Eine Nacht in einem nicht zu kühlen, luftigen Raum trocknen und anschließend kalträuchern.

KOCHWURST

Eine schmackhafte Palette von Würsten bieten die Kochwürste. Sie werden aus rohen Zutaten zubereitet, getrocknet und kaltgeräuchert, aber in gekochtem Zustand verzehrt.

Polnische Kochwurst mit Knoblauch und Kümmel zeichnet sich durch einen unverwechselbaren, kräftigen Geschmack aus.

Bratwurst

Die Wurstrohmasse für Bratwürste entspricht im Prinzip dem Mettwurstteig. Ihr Hauptbestandteil ist zumeist Schweinefleisch, aber auch eine Mischung von Schweinefleisch mit Rindfleisch ist möglich. Bratwürste werden jedoch nicht geräuchert, was ihre Haltbarkeit einschränkt. Bratwürste können roh gebraten werden, sofern sie ganz frisch sind. Im Allgemeinen empfiehlt es sich aber, sie mit heißem Wasser zu überbrühen, um sie etwas haltbarer zu machen.

HOLSTEINER BRATWURST

250 ml Fleischbrühe
500 g Weißbrot
2,5 kg durchwachsenes Schweinefleisch
50 g Salz
9 g gemahlener weißer Pfeffer
1 g gemahlene Muskatnuss
6 mittelgroße Eier

Zubereitung

1 Die Fleischbrühe anwärmen und das Weißbrot darin einweichen.

2 Das gut durchwachsene Schweinefleisch durch die mittlere Scheibe des Fleischwolfes drehen.

3 Die Fleischmassse mit dem eingeweichten Weißbrot, den Gewürzen und den Eiern gründlich vermengen.

4 Abschmecken und in Schweinedünndärme füllen.

5 Die Wurstmasse alle 20 bis 25 Zentimeter so abdrehen, dass zwischen den einzelnen Würsten ein etwa 3 Zentimeter großes Darmstück ungefüllt bleibt.

6 Anschließend die Würste mit kochend heißem Wasser überbrühen.

Das Füllen von Bratwürsten

Im Gegensatz zu Dauerwürsten darf die Füllung für Bratwürste nicht zu fest sein, damit sich die Wurstmasse beim Braten ausdehnen kann und der Darm nicht platzt.

Als zusätzliche Vorsichtsmaßnahme legt man die gefüllten Därme auf den Tisch und drückt sie mit der flachen Hand leicht zusammen. Die Wurstmasse verteilt sich dadurch besser im Darm.

THÜRINGER BRATWURST

3 kg durchwachsenes Schweinefleisch	
72 g Salz	
9 g gemahlener weißer Pfeffer	
1,5 g Majoran	
1,5 g Kümmel	

Zubereitung

1 Das gesamte Schweinefleisch durch die mittlere Scheibe des Fleischwolfes drehen.

2 Mit den Gewürzen vermengen und abschmecken.

3 Nicht zu fest in Schweinedünndärme füllen.

4 Mit kochend heißem Wasser überbrühen.

SÜDDEUTSCHE BRATWURST

1,5 kg durchwachsenes Schweinefleisch	
1,5 kg Rindfleisch	
72 g Salz	
9 g gemahlener weißer Pfeffer	
3 g gemahlener Ingwer	

Zubereitung

1 Das Schweinefleisch mit dem Rindfleisch zweimal durch die mittlere Scheibe des Fleischwolfes drehen, mit den Gewürzen gründlich vermengen.

2 In Schweinedünndärme füllen (à 120 Gramm), mit kochend heißem Wasser überbrühen.

GRILLWURST

2,5 kg fettes Schweinefleisch (durchwachsener Speck)	
500 g mageres Rindfleisch	
3 Knoblauchzehen	
60 g Salz	
6 g gemahlener weißer Pfeffer	
6 g edelsüßer Paprika	
1,5 g Oregano	

Zubereitung

1 Das fette Schweinefleisch durch die mittlere, das Rindfleisch durch die feine Scheibe des Fleischwolfes drehen.

2 Die Knoblauchzehen auspressen und alles zusammen mit den anderen Gewürzen zu einer homogenen Masse verkneten.

3 Die Wurstrohmasse in Schweinedünndärme füllen. Alle 15 bis 20 Zentimeter gleichmäßige Würste abdrehen und mit kochend heißem Wasser überbrühen.

WÜRZGEHEIMNIS

Das Geheimnis der Bratwurst liegt in der Würzung. Jede Region verfügt über ihre eigenen Bratwurstspezialitäten.

Kochwurst

Kochwürste verdanken ihren Namen der Tatsache, dass sie zum überwiegenden Teil aus ganz oder teilweise gegartem Material zubereitet werden. Nur wenige Bestandteile wie Blut, fein gehackte Leber und klein geschnittener Rückenspeck werden roh verarbeitet. Im Rahmen der Hausschlachtung ist die Kochwurstzubereitung ein Schwerpunkt. Nahezu jeder Teil des Schweines (Fleisch, Kopf, Backe, Zunge, Rückenspeck, Griffe, Schwarten, Blut, Herz, Lunge, Leber, Milz und Darmgekröse) kann verarbeitet werden. Generell gilt auch hier der Grundsatz: je hochwertiger die Zutaten, desto besser die Kochwurst.

Es gibt verschiedene Arten von Kochwurst. Entsprechend den Zutaten und der Art ihrer Herstellung unterteilen wir in Leberwurst, Blutwurst und Sülzwurst.

Leberwurst

EMPFEHLUNG

Der Geschmack von Leberwurst wird etwas milder, wenn Fleisch und Fett ausgekühlt und nicht mehr schlachtwarm verarbeitet werden.

Folgende Grundregeln sollten Sie beachten:

Leberwürste werden bei uns grundsätzlich aus ausgekühltem Material zubereitet.

Für Leberwürste wird vorwiegend Schweineleber verwendet. Auch Kalbsleber ist geeignet. Rinderleber ist unbrauchbar, da sie zu trocken ist und dazu neigt, bitter zu schmecken.

Die Leber wird nur kurz gebrüht, abgezogen und roh durch den Fleischwolf gedreht.

Die Gallengänge müssen großzügig aus der Leber entfernt werden, da sonst die Leber und später die Wurst bitter schmecken.

Soll die Leberwurst beim Anschneiden ein rötliches Aussehen haben, kann die Leber mit Nitritpökelsalz behandelt werden. Man lässt die Wurstmasse in diesem Fall eine Nacht ziehen und verarbeitet sie am nächsten Tag. Fleisch und Innereien werden vorgegart. Entscheidend für das Gelingen ist das Abschmecken mit Gewürzen, u. a. mit Zwiebeln und Knoblauch.

Die Wurstrohmasse wird in Natur- oder Kunstdärme gefüllt. Das Füllgewicht sollte etwa 500 Gramm pro Wurst betragen.

Kochen

Nach dem Füllen kommen die Leberwürste in fast kochend heißes Wasser. Sie sollen bei 75 bis 80 °C gar ziehen. Die Temperatur mit einem Thermometer überprüfen. Sinkt sie unter 75 °C, muss vorsichtig heißes Wasser nachgegossen werden. Die Würste müssen mit einem Rost beschwert werden, damit sie nicht an der Oberfläche schwimmen. Die Garzeit beträgt pro Zentimeter Durchmesser etwa zehn Minuten.

Abkühlen

Nach dem Garen die Würste etwa zehn Minuten in lauwarmem Wasser langsam abkühlen lassen. Erkaltet die Wurst zu schnell, bildet sich am Darm ein Fettrand.
Wollen Sie das Fett besonders gut in der Wurst verteilen, können Sie die Würste auf einem Brett hin- und herrollen. Als Letztes werden die Würste etwa fünf Minuten lang in kaltem Wasser abgekühlt.

Räuchern

Lieben Sie Rauchgeschmack, können die Würste je nach Gusto noch zusätzlich einige Stunden bis Tage kaltgeräuchert werden.

ABSCHMECKEN
Leberwürste können sehr abwechslungsreich gewürzt werden. Eine Vielzahl von Aromen wirkt in ihnen zusammen.

Leberwurstvariationen

Das Rezept für Hausmacherleberwurst kann je nach Wunsch durch die Zugabe von diversen würzenden Zutaten in verschiedenen Geschmacksrichtungen abgewandelt werden.

Hier einige Beispiele:
● Trüffelleberwurst: Auf 1 Kilogramm Wurstmasse werden 100 Gramm klein gehackte Trüffel gegeben.
● Sardellenleberwurst: Auf 1 Kilogramm Wurstrohmasse kommen 100 Gramm Sardellen. Die Sardellen werden gewaschen und durch ein feines Sieb passiert.
● Gänseleberwurst: Anstelle der Schweineleber wird pro 1 Kilogramm Wurstrohmasse 1 Kilogramm Gänseleber genommen. Die Gänseleber wird gewürfelt.

HAUSMACHERLEBERWURST

1,2 kg Schweineleber	
1,2 kg Bauchfleisch	
300 g Schwarten	
3 mittelgroße Zwiebeln	
300 g Schmalz	
54 g Salz	
6 g gemahlener weißer Pfeffer	
1,5 g Piment	
1,5 g Majoran	

BEKÖMMLICHKEIT

Hausmacherleber-
wurst wird bekömm-
licher, wenn die
Zwiebeln vor dem
Einfüllen entfernt
werden.

Zubereitung

1 Die Schweineleber zwei Minuten lang in kochend heißem Wasser brühen.

2 Die Haut der Leber abziehen und die Leber in 10 Zentimeter große Stücke schneiden. Sie muss innen weich und blutig sein.

3 Die Schweineleberstücke mit dem Bauchfleisch und den Schwarten zweimal durch die feine Scheibe des Fleischwolfes drehen. Es soll eine feine Wurstrohmasse entstehen.

4 Die Haut der Zwiebeln abziehen und die Zwiebeln in kleine Stücke schneiden.

5 Das Schmalz mit den klein geschnittenen Zwiebeln bei nicht zu großer Hitze andünsten. Die Zwiebeln dürfen dabei nur goldgelb, aber nicht braun werden.

6 Anschließend lässt man Schmalz und Zwiebeln 2 Stunden lang im warmen Zustand ziehen.

7 Danach werden die Zwiebelstücke mithilfe eines Siebes aus dem warmen Schmalz entfernt.

8 Das Schmalz wird zur Wurstmasse gegeben und zusammen mit den Gewürzen gründlich vermischt.

9 Die Wurstrohmasse wird mit den Gewürzen Salz, Pfeffer, Piment und Majoran nochmals abgeschmeckt. Sie darf ruhig etwas schärfer gewürzt sein, denn sie verliert beim anschließenden Kochen an Intensität.

10 Die Wurstrohmasse wird in vorbereitete Därme gefüllt.

11 Die Würste werden über Kopf abgebunden.

12 Bei 75 bis 80 °C werden die Würste gegart.

13 Etwa 10 Minuten im lauwarmen Wasser abkühlen lassen.

14 Nach Geschmack kalträuchern.

Tipp

Durch diese Art des Abbindens wird sichergestellt, dass kein flüssiges Fett aussickern kann.

GROBE LEBERWURST

600 g mageres Schweinefleisch von der Schulter und/oder vom Kopf

3 kleine Zwiebeln

1,2 kg fettes Fleisch vom Schweinebauch und/oder Schweinebacke (entschwartet)

1,2 kg Schweineleber

60 g Salz

6 g gemahlener weißer Pfeffer

3 g gemahlene Nelken

3 g Majoran

3 g Piment

1,5 g Macis

evtl. etwas Knoblauch

Zubereitung

1 Das magere Schweinefleisch garen.

2 Die Haut der Zwiebeln abziehen und die Zwiebeln klein schneiden.

3 Das magere Fleisch und die Zwiebeln durch die grobe Scheibe des Fleischwolfes drehen.

4 Schweinebauch und/oder Schweinebacke brühen und in Würfel schneiden.

5 $^2/_3$ der Leber zweimal durch die feine Scheibe drehen, das restliche Drittel in kleine Würfel schneiden.

6 Die gesamte Rohmasse zusammen mit den Gewürzen vermischen, abschmecken und in Därme füllen.

7 Weiter verfahren wie bei der Hausmacherleberwurst.

STREICHFÄHIGE DELIKATESSLEBERWURST

1,2 kg Schweineleber

1,2 kg Schweinefleisch (Schulter)

600 g Griffe

54 g Nitritpökelsalz

6 g Pfeffer

1,3 g Macis

1,5 g Ingwer

0,9 g Kardamom

1,5 g Majoran

0,9 g Thymian

60 g gedünstete Zwiebeln

Zubereitung

1 Die Schweineleber 2 Minuten brühen, abziehen und in 10 Zentimeter große Stücke schneiden.

2 Die Leber, das Schweinefleisch und die Griffe zweimal durch die feine Scheibe des Fleischwolfes drehen.

3 Die Wurstmasse mit Nitritpökelsalz, den Gewürzen und den gedünsteten Zwiebeln vermischen und abschmecken.

4 Die Wurstmasse in Därme füllen. Die weitere Zubereitung erfolgt wie bei der Hausmacherleberwurst.

DELIKAT

Die Delikatessleberwurst besteht aus ganz fein durchgedrehten Zutaten. Sie ist besonders als Brotaufstrich geeignet.

Blutwurst

Blutwürste bestehen aus Blut, Schwarten, Speck und Fleisch, aber auch aus Zunge und Innereien wie Herz, Leber und Nieren. Als Blut wird frisches Schweineblut verwendet. Es muss sofort nach dem Schlachten gerührt werden, damit es nicht gerinnt.

Folgende Aspekte sollten Sie bei der Herstellung von Blutwurst unbedingt beachten:

- Blut ist sehr anfällig gegen Mikroorganismen und sollte deshalb besonders sorgfältig behandelt werden. Es kann roh, gekocht oder gepökelt verarbeitet werden.

ROHSTOFF
Die Grundsubstanz für Blutwurst ist rohes oder gekochtes Schweineblut. Gekochtes Blut vereinfacht die Zubereitung beträchtlich.

- Wird es roh zur Wurstmasse gegeben, müssen die Blutwürste später etwa zweieinhalb Stunden garen. Während dieser Zeit besteht die Gefahr, dass sie platzen und damit für den Verzehr verloren gehen.

- Wird das Blut in gekochtem Zustand verwendet, dann verringert sich die spätere Garzeit ganz beträchtlich auf etwa 15 bis 20 Minuten.

- Um das Blut vor schädlichen Keimen zu schützen, kann es sofort nach der Schlachtung mit etwas Nitritpökelsalz gesalzen werden. Die für das Pökeln des Blutes benutzte Salzmenge muss später bei der Wurstzubereitung berücksichtigt werden.

- Wir haben im Rahmen der Hausschlachtung die besten Erfahrungen mit gekochtem Blut gemacht.

- Die Schwarten dienen als Geliermittel und sorgen für die Schnittfestigkeit der Blutwurst. Die Schwarten müssen soweit gegart werden, dass man sie gerade durchdrücken kann. Später, wenn die Wurst gekocht wird, geben die Schwarten Eiweiß ab, das die Wurst beim Erkalten festigt. Werden die Schwarten zu gar gekocht, verlieren sie ihre bindende Funktion. Wichtig ist, dass die Schwarten fettfrei sind.

- Speck wird in der Regel in Würfel geschnitten und so lange gebrüht, bis er fest ist und eine weiße Farbe annimmt. Hierdurch werden die Poren des Specks geschlossen. Er kann kein Blut aufnehmen, und die Stücke bleiben appetitlich hell.

- Alle Zutaten werden heiß verarbeitet.

Grundrezept für Blutwurst

1 Die gegarten Schwarten werden durch die mittlere Scheibe des Fleischwolfes gedreht.

2 Das ebenfalls gegarte Fleisch und der überbrühte Speck (Kopffleisch, Schweinebacke, Schweinebauch, Nieren) werden in etwa einen Zentimeter große Würfel geschnitten und zur Schwarte gegeben.

3 Das gekochte Blut wird hinzugegeben. Während des Erwärmens muss das Blut ständig gerührt werden. Es ist fertig, wenn es einmal kurz aufkocht und eine braune Farbe annimmt.

4 Die Gewürze werden hinzugegeben und die ganze Masse gründlich vermischt und abgeschmeckt. Es darf ruhig etwas kräftiger gewürzt schmecken, denn während des Garens der Würste wird der Geschmack milder.

5 Die Salzzugabe kann nicht angegeben werden. Sie muss abgeschmeckt werden, da der Fleischanteil bereits Salz enthält.

6 Mithilfe eines Fleischwolfes und eines Füllaufsatzes wird die Wurstmasse in Wursthüllen gefüllt. Es eignen sich Naturdärme wie Rinderbutten, Schweineblasen, Rinderkranzdärme, aber auch Kunstdärme und, sofern die Blutwurst nicht geräuchert werden soll, auch Kunststoffdärme zum Füllen der Würste.

7 Die Därme werden über Kopf abgebunden, damit kein Fett austreten kann.

8 Die Blutwürste kommen in gerade nicht mehr kochendes Wasser, um bei einer Temperatur von 75 bis 80 °C 15 bis 20 Minuten lang zu garen.

9 Nach dem Garen die Würste kalt abschrecken, damit sich die Poren schließen.

10 Während des weiteren Abkühlens auf etwa 18 °C werden sie auf einen Tisch gelegt und alle 30 Minuten gedreht, damit sich das Fett und die Fleischwürfel gleichmäßig verteilen.

11 Wenn Sie eine Vorliebe für Blutwürste mit Rauchgeschmack haben, können die rohen Würste anschließend noch je nach Geschmack bis zu 10 Tage kaltgeräuchert werden.

KOCHEN
Die Gefahr, dass die Blutwürste in zu heißem Wasser kochen und aufplatzen, ist ziemlich groß. Überprüfen Sie deshalb die Wassertemperatur regelmäßig.

1 + 2 *Drehen Sie die gekochten Schwarten durch den Fleischwolf.*

3 + 4 *Vermischen Sie das gekochte Blut und die Gewürze mit der Fleischmasse.*

6 *Füllen Sie die Wurstmasse mit Fleischwolf und Füllaufsatz in die Wursthüllen.*

8 *Lassen Sie die Blutwürste bei 75 bis 80 °C 15 bis 20 Minuten garen.*

HAUSMACHERBLUTWURST

450 g Schwarte	
1 kg magerer Schweinebauch	
1 kg Herz und/oder Niere	
450 ml Blut	
54 g Salz	
5 g gemahlener schwarzer Pfeffer	
1,5 g Majoran	
4,5 g Thymian	

Zubereitung

1 Die Schwarte durch die mittlere Scheibe des Fleischwolfes drehen.

2 Den Schweinebauch und das Herz und/oder die Nieren in gleichmäßig große Würfel schneiden und zur Schwarte geben.

3 Das gekochte Blut zur Fleischmasse geben und umrühren.

4 Die Gewürze untermischen und die Masse abschmecken.

5 In Därme füllen und über Kopf abbinden.

BRATBLUTWURST

900 g dunkles Fleisch vom Schweinekopf	
300 g Innereien (Herz, Leber, Nieren, Lunge)	
150 g Brötchen	
300 ml Fleischbrühe (heiß)	
600 g Schwarte	
2 mittlere Zwiebeln	
300 g Speck	
450 ml Blut	
60 g Salz	
9 g gemahlener schwarzer Pfeffer	
1,5 g Majoran	
1,5 g Piment	
1,5 g Thymian	

Zubereitung

1 Das Fleisch und die Innereien durch die mittlere Scheibe des Fleischwolfes drehen.

2 Die klein geschnittenen Brötchen in der Fleischbrühe einweichen.

3 Die Schwarte zusammen mit den Zwiebeln durch die feine Scheibe des Fleischwolfes drehen.

4 Den Speck würfeln und dazugeben.

5 Das Blut dazugeben und unterrühren.

6 Die Brötchen ausdrücken und unter die Wurstmasse mischen.

7 Die Gewürze unterrühren und die Masse abschmecken.

8 Die Rohmasse in Därme füllen und so wie im Grundrezept beschrieben weiterbehandeln.

VARIANTEN

Blutwurst kann durch die Zugabe von verschieden groß geschnittenen Stücken Fleisch und Innereien gröber oder feiner zubereitet werden.

BLUTWURST THÜRINGER ART

3 kleine Zwiebeln
360 g Schwarte
Knoblauch nach Geschmack
2,1 kg gepökeltes Schweinefleisch (Schulter, Nacken, entschwarteter Bauch etc.)
180 g Schweineleber
360 ml Blut
6 g gemahlener schwarzer Pfeffer
1,5 g gemahlene Nelken
3 g Piment
3 g Majoran

LANDESTYPISCH

Thüringer Blutwurst ist eine bekannte Spezialität. Sie wird mit Nelken, Piment und Knoblauch abgeschmeckt.

Zubereitung

1 Die Zwiebeln werden mit der Schwarte durch die feine Scheibe des Fleischwolfes gedreht.

2 Das gepökelte Fleisch und die Leber werden in etwa einen Zentimeter große Würfel geschnitten und zur Mischung aus Zwiebel und Schwarte gegeben.

3 Der Knoblauch, sofern gewünscht, wird durch eine Knoblauchpresse gedrückt und ebenfalls zur Rohmasse gegeben.

4 Das gekochte Blut wird dazugegeben. Während des Erwärmens muss das Blut ständig gerührt werden.

5 Die Würzstoffe werden hinzugegeben und die ganze Masse gründlich vermischt und abgeschmeckt. Es darf ruhig etwas kräftig gewürzt schmecken, denn während des Garens wird der Geschmack der Würste milder.

6 Die Wurstmasse wird in Wursthüllen gefüllt.

7 Die Därme werden über Kopf abgebunden.

8 Die Blutwürste kommen in gerade nicht mehr kochendes Wasser, um bei einer Temperatur von 75 bis 80 °C 15 bis 20 Minuten lang zu garen.

Wurde das Blut vor der Verarbeitung nicht gekocht, sondern roh verwendet, müssen die Würste beträchtlich länger, nämlich etwa 15 Minuten pro Zentimeter Durchmesser in 80 bis 85 °C heißem Wasser garen.

9 Verfahren Sie mit der weiteren Zubereitung wie im Grundrezept beschrieben.

Regionale Feinheiten

Blutwurst wird im Prinzip immer nach dem gleichen Grundrezept hergestellt. Ihren typischen Geschmack erhält sie durch die feine Würzung, die landestypisch variieren kann.

Sülzwurst

Bei Sülzwürsten wird nach Würsten, die in einen Darm gefüllt, und nach Sülzen, die in Formen gegossen werden, unterschieden. Für beide Arten wird entweder gepökeltes oder ungepökeltes Fleisch vom Schweinekopf, den Füßen und/oder den Haxen verarbeitet. Zusätzlich kann je nach Vorliebe mageres Fleisch von Schwein, Rind oder Kalb hinzugefügt werden.

Als natürliches Geliermittel eignet sich die Brühe von gekochten Schweineohren.

Sie wird wie folgt zubereitet:

1 Die Schweineohren werden eine Stunde lang gekocht, dann herausgenommen und die Brühe mit Hilfe eines Tuches gefiltert.

2 Um der Brühe einen besonderen Geschmack zu verleihen, kann man Gewürze wie Zwiebeln, Lorbeerblätter, Sellerie, Kümmel, Pfefferkörner etc. mitziehen lassen.

3 Nach dem Entfernen der Schweineohren und der Gewürze wird die Brühe mit Salz, evtl. auch mit Essig, abgeschmeckt. Sie muss kräftig gewürzt sein, da sich der Geschmack bei der Verarbeitung merklich mildert.

4 Zur Gelierprobe etwas Brühe in eine Untertasse geben und kalt stellen. Wird die Probe zu fest, kann sie durch Zugabe von Brühe ohne Geliermittel etwas verdünnt werden. In diesem Fall das Abschmecken und eventuelle Nachwürzen nicht vergessen.

5 Wird die Gelierbrühe nicht steif genug, kann sie mit Aspikpulver oder Gelatine eingedickt werden.

Die Zubereitung einer Brühe aus Schweineohren ist eine aufwendige Angelegenheit. Eine einfachere Methode ist die Verwendung von Aspikpulver oder Gelatine. Beide in kaltem Wasser aufgelöst und in die Brühe gerührt. Diese Form des Eindickens gelingt garantiert, die geschmackliche Einbuße gegenüber Brühe aus Schweineohren ist kaum merklich. Zur Aufbewahrung von Sülzwurst eignen sich Schweinemagen, Rinderbutten, Kunst- oder Kunststoffdärme mit großen Durchmessern, Gläser mit Schraubverschlüssen und offene Formen.

GEWÜRZ-SÄCKCHEN
Wenn Sie die Brühe mit Gewürzen verfeinern wollen, dann binden Sie diese am besten in ein Stück Stoff, damit sie nach dem Ende der Garzeit leichter entfernt werden können.

Sülzwurst basiert, wie der Name schon sagt, auf Sülze. In die gallertartige Masse werden Fleischstückchen (vom Schwein, Rind oder Kalb) eingelegt. Nach dem Erkalten wird die Sülze fest, und die Wurst hält zusammen. Die Herstellung von Gelierbrühe aus Schweineohren wurde auf der vorhergehenden Seite beschrieben. Im folgenden Grundrezept erfahren Sie, wie die Wurst Schritt für Schritt aus einem Schweinekopf zubereitet wird.

Grundrezept für Sülzwurst

1 Ein ganzer Schweinekopf wird eine Stunde lang gewässert, damit alles Blut herauszieht, dann wird er herausgenommen, abgespült und gekocht.

2 Entschwartetes, durchwachsenes Bauchfleisch wird gekocht.

3 Das gegarte Fleisch wird aus dem Schweinekopf gelöst und zusammen mit dem gegarten Bauchfleisch in etwa 1 Zentimeter große Würfel geschnitten.

4 Aus der Brühe des Schweinekopfes wird nun die gallertartige Masse für die Sülzwurst zubereitet.

5 Das Fleisch mit der Brühe übergießen und vermischen. Für je 1 Kilogramm Kopffleisch und Bauchfleisch wird etwa 1 Liter Gelierbrühe benötigt.

6 Jetzt noch einmal abschmecken und eventuell Salz, Pfeffer und Senfkörner hinzugeben.

7 Die Masse in die gewünschten Därme, Formen oder Gläser füllen.

8 Werden Gläser verwendet, müssen sie mit heißer Wurstmasse bis zum Rand gefüllt und sofort verschlossen werden.

9 Die in Därme gefüllte Sülzwurst muss anschließend bei 85 °C ca. 20 Minuten ziehen. Danach wird sie in kaltem Wasser abgeschreckt.

10 Zum weiteren Abkühlen kommt die Wurst auf einen Tisch. Hier wird sie alle 30 Minuten gedreht, damit sich Fett und Fleisch gleichmäßig verteilen.

11 In Gläser gefüllte Wurst wird aus dem gleichen Grund alle 30 Minuten über Kopf gewendet.

12 Sülzwurst ist nicht sehr lange haltbar und sollte daher zügig verzehrt werden.

LOHNENDER AUFWAND

Die Verwendung von Gelatine oder Aspikpulver ist sicher bequemer. Den typischen Geschmack von Press- oder Sülzwurst erzielen Sie aber am besten, wenn Sie sich die Mühe machen und die Brühe aus Schweinekopf oder Schweineohren selbst zubereiten.

1 + 2 *Kochen Sie das Bauchfleisch und den Schweinekopf.*

3 + 4 *Lösen Sie das Fleisch aus dem Kopf und zerschneiden Sie es mit dem Bauchfleisch.*

5 + 6 *Übergießen Sie das Fleisch mit der Brühe und schmecken Sie die Mischung ab.*

7 *Füllen Sie die Masse in die gewünschten Förmchen und stellen Sie diese kalt.*

HAUSMACHERSÜLZE

1 kg Fleisch vom Schweinekopf	
1 kg durchwachsenes Bauchfleisch ohne Schwarte	
2 Schweinepfoten	
0,5 l Gelierbrühe	
1/2 Tüte Sauerbratengewürz	
Salz	
Zucker	
0,5 l Kräuteressig	

ABSCHMECKEN
Essig und Sauerbratengewürz gehören in die Hausmachersülze. Wichtig ist aber, dass die Sülze nicht zu essigsauer schmeckt und die Gewürze nicht zu sehr hervorstechen.

Zubereitung

1 Das Fleisch vom Schweinekopf, Bauchfleisch und Pfoten kochen, in Stücke schneiden, zweimal durch die feine Scheibe des Fleischwolfes drehen und in eine Form geben.

2 Die Gelierbrühe (S. 77) herstellen. Die letzten 10 Minuten das Sauerbratengewürz mitziehen lassen.

3 Die Gelierbrühe mit Salz und Zucker abschmecken.

4 Brühe und Kräuteressig vermischen und über das Fleisch in die Form geben.

5 Zum Gelieren kalt stellen.

GÖRTZER SÜLZWURST

1 kg durchwachsenes Schweinefleisch	
500 g Eisbein	
500 g Schweineherz	
500 g Schwarte	
0,5 l Gelierbrühe	
0,5 l Essig	
72 g Salz	
6 g gemahlener weißer Pfeffer	
6 g ganzer Kümmel	

Zubereitung

1 Schweinefleisch, Eisbein, Herz und Schwarte garen.

2 Schweinefleisch, Eisbein und Herz in ca. 1 Zentimeter große Würfel schneiden.

3 Die Schwarte durch die feine Scheibe des Fleischwolfes drehen und mit den anderen Fleisch- und den Herzwürfeln vermischen.

4 Die wie auf Seite 77 beschriebene hergestellte Gelierbrühe mit den Gewürzen und dem Fleisch vermischen und in Gläser füllen.

5 Die Gläser kühl stellen.

Räuchern

Wenn die Sülzwurst geräuchert werden soll, wird sie in einen Schweinemagen oder eine Schweineblase gepresst und zwei bis drei Tage lang kaltgeräuchert.

PRESSKOPF NACH HAUSMACHERART

1 kg Fleisch vom Schweinekopf
1 kg durchwachsenes Bauchfleisch ohne Schwarte
1 l Gelierbrühe
ca. 75 g Salz
6 g gemahlener weißer Pfeffer
3 g Senfkörner

Zubereitung

1 Fleisch vom Schweinekopf und Bauchfleisch garen und in 1 Zentimeter große Würfel schneiden.
2 Die Gelierbrühe aus Schweineohren wie auf Seite 77 beschrieben zubereiten.
3 Die Brühe mit Salz abschmecken und zum Fleisch geben.
4 Das Fleisch, die Brühe und die Gewürze vermischen, abschmecken und gegebenenfalls nachwürzen.
5 Die Wurstmasse in einen Darm, eine Form oder ein Glas füllen und wie im Grundrezept beschrieben weiterbehandeln.

DEFTIG

Presswurst oder Presskopf ist zusammen mit Blut- und Leberwürsten ein beliebter Bestandteil einer deftigen Brotzeit mit Bier.

SÜLZWURST

1,5 kg gepökeltes Schweinekopffleisch
450 g Fleisch von den Schweinefüßen
360 g Schwarte
1 mittlere Zwiebel
9 g gemahlener weißer Pfeffer
1,5 g Piment
1,2 g Majoran
690 ml Gelierbrühe
Salz
Essig nach Geschmack

Zubereitung

1 Das Fleisch und die Schwarte weich kochen.
2 In 1,5 Zentimeter große Würfel schneiden.
3 Die Schwarte auskühlen lassen (am schnellsten geht es in kaltem Wasser) und durch die mittlere Scheibe des Fleischwolfes drehen.
4 Die klein geschnittene Zwiebel und die Gewürze zur Masse geben, vermischen.
5 Die Gelierbrühe aus Schweineohren wie auf Seite 77 beschrieben zubereiten, mit Salz und, wenn gewünscht, mit Essig abschmecken und über die Fleischmasse gießen und vermischen.
6 Die Rohmasse in Därme füllen und wie im Grundrezept beschrieben weiterbehandeln.

Spezialitäten aus Schweinefleisch

Jede deutsche Landschaft bietet eine Vielzahl von typischen Wurstsorten und Fleischgerichten. In diesem Abschnitt werden einige feine und deftige regionale Spezialitäten vorgestellt und ihre Zubereitung in Rezepten detailliert beschrieben.

WEISSSAUER

2 kg Rippe	
0,75 l Kräuteressig	
0,75 l Wasser	
50 g Salz	
10 g Zucker	
1 Tüte Sauerbratengewürz	
18 Blatt Gelatine	

KALTE KÜCHE
Für ein Weißsauer werden die Rippen in einem Essigsud gegart und als kaltes Gericht verzehrt.

Zubereitung

1 Die Rippen grob putzen, d. h. das Fleisch grob von den Knochen abschaben. Auf der Außenseite sollte eine Fleischschicht von 0,5 Zentimeter übrig bleiben.

2 Die Rippen mit dem Spalter in der Mitte durchtrennen und einzeln abschneiden. Beim Abschneiden muss darauf geachtet werden, dass an jeder Rippe die gleiche Menge Fleisch verbleibt, damit die Rippen gleichmäßig gar werden.

3 Die Rippenstücke werden zusammen mit dem Essig, dem Wasser und den Gewürzen so lange gekocht (ca. 1–1$^{1}/_{2}$ Stunden), bis sich das Fleisch leicht ablösen lässt.

4 Nun die Rippen herausheben und locker in einen Steintopf oder eine Schüssel schichten.

5 Den Sud durch ein Sieb gießen und mit den Gewürzen abschmecken.

6 Die Gelatine blattweise in den heißen Sud geben und anschließend über die Rippen gießen. Die Rippen müssen vollständig bedeckt sein.

7 Das Weißsauer erkalten lassen und bald verzehren.

Tipp

Wollen Sie das Weißsauer längere Zeit lagern, sollten Sie es in einen Steintopf geben und nach dem Erkalten mit flüssigem Schmalz übergießen. Die Fettschicht sollte etwa zwei Zentimeter dick sein. So konserviert, können Sie das Weißsauer an einem kühlen Platz mehrere Monate lagern. Einmal angebrochen, sollten Sie es aber zügig verzehren.

BREMER PINKEL

1 kg Flomen	
600 g Zwiebeln	
1 kg Rindernierenfett	
1 kg Hafergrütze	
78 g Salz	
4,5 g gemahlener weißer Pfeffer	
4,5 g Piment	
4,5 gemahlene Nelken	

Zubereitung

1 Vom Flomenfett die Haut abziehen.

2 Die Zwiebeln schälen und grob hacken.

3 Das Flomenfett und die Zwiebeln durch die größte, gröbste Scheibe des Fleischwolfes drehen.

4 Nierenfett klein hacken.

5 Den Flomen, das Nierenfett, die Hafergrütze und die Gewürze vermischen.

6 In weite Rinderdärme in Strängen zu einem Meter füllen und abbinden.

7 Anschließend für 20 bis 25 Minuten in kochendes Wasser geben.

8 Die Wurststränge herausnehmen und in ca. 10 Zentimeter lange Würste abbinden.

9 Auf einen Tisch zum Abkühlen legen.

10 Nach zwei bis drei Stunden aufhängen.

11 Die Würste einige Zeit trocknen lassen.

12 Wenn gewünscht, anschließend kalträuchern.

HERBSTGENUSS

Pinkel sind eine herzhafte herbstliche Bremer Spezialität mit Hafergrütze. Sie werden zu Grünkohl gegessen, der erst geerntet werden darf, wenn er einmal dem Frost ausgesetzt war.

Grünkohl mit Pinkel ist ein traditionelles Herbstgericht aus dem Norden.

KNOCHENSCHINKEN

Ein ganzer, roher Schinken (10 bis 12 kg)	
500 g Nitritpökelsalz	
12 g Salpeter	
20 g Zucker	

Zubereitung

1 Von dem bereits beim Schlachten geputzten Schinken die Schaufel des Schlossknochens absägen, da sie beim fertigen Schinken aus dem Fleisch herausragen würde.

EINSALZEN

Zur Bereitung von Knochenschinken eignet sich nur ein ganzer, roher Schinken. Er muss sehr sorgfältig mit Salz überzogen werden, wenn er gelingen soll.

2 Den Schinken in ein Gefäß legen, das mindestens der Größe des Schinkens entspricht.

3 Den Schinken von allen Seiten gründlich und vor allem gleichmäßig mit dem Pökelsalz einreiben. Der Schinken muss von einer Salzkruste umgeben sein. An den Verbindungsstellen zwischen Knochen und Fleisch wird das Nitritpökelsalz soweit wie möglich nach innen, am besten bis zum Gelenk, gepresst. Dadurch wird das Gelenkwasser abgesogen und die Gefahr des Verderbens verringert.

4 Den Schinken in einen kühlen (5–8 °C), luftigen, aber nicht zugigen Raum zum Durchpökeln stellen.

Er benötigt zwei Tage pro Kilogramm Gewicht.

5 Während der Pökelzeit soll er jede Woche einmal gewendet werden. Nach dem Wenden muss die Oberseite mit Pökelsalz nachgerieben werden.

6 Nach dem Pökeln die vorhandenen Salzschichten abwischen und das Pökelgefäß säubern.

7 Den Schinken zum Nachbrennen zurück in das Pökelgefäß geben und dabei so hinstellen, dass er auf dem Eisbein steht. Durch das Nachbrennen gleicht sich der Salzgehalt aus, der Schinken gewinnt an Aroma und wird mürbe. Dadurch, dass er auf dem Eisbein steht, sinkt das überschüssige Salz zum Eisbein ab und verhindert, dass die wertvollen Fleischteile zu salzig werden. Die Nachbrenndauer beträgt etwa vier bis fünf Tage.

8 Nach dem Nachbrennen den Schinken erneut in das Pökelgefäß legen und mit kaltem Wasser übergießen, bis er ganz bedeckt ist.

9 Nach ca. zehn Stunden herausnehmen und mit lauwarmem Wasser abwaschen.

10 Den Schinken ein bis zwei Tage auf einem luftigen Rost nachtrocknen lassen. Der Raum, in dem er steht, sollte kühl, dunkel und luftig sein.
11 Anschließend wird der Schinken nach folgender Methode geräuchert: Den Schinken mithilfe eines Fleischerhakens oder einer Schlaufe aus Wurstband am Eisbein in der Räucherkammer aufhängen und vier bis sechs Wochen lang kalträuchern lassen.

Lagern des Schinkens

Zum Lagern ist es am besten, den Schinken in seine Einzelstücke zu zerlegen, die Knochen herauszulösen und die Fleischteile vakuumverpackt in Folie einzuschweißen. In diesem Zustand behält der Schinken sein Aroma und ist auch in feuchteren Kellerräumen nahezu unbegrenzt haltbar. Er kann auch eingefroren werden, verliert dabei aber an Geschmack. Sie können ihn auch in einem Stück in einem kühlen, trockenen und luftigen Raum hängend lagern. Das Problem dabei ist allerdings, dass der Schinken an der Anschnittstelle leicht schmierig wird und dann an dieser Stelle nicht mehr schmeckt. Man kann das Schmierigwerden zum Teil verhindern, indem man die Schnittstelle mit Schmalz einreibt.

DURCHWACHSENER SPECK

3 kg durchwachsener, nicht abgeschwarteter Bauchspeck

150 g Salz

Zubereitung

1 Den Bauchspeck von allen Seiten – wie beim Knochenschinken beschrieben – gründlich einsalzen.
2 In ein passendes Gefäß legen und zwei Wochen lang pökeln. Während des Pökelns einmal wenden und die Oberfläche erneut mit Salz einreiben.
3 Nach dem Pökeln aus der Lake nehmen und lauwarm abwaschen.
4 An einem Fleischerhaken oder Wurstband aufhängen, zwei Tage an einem kühlen, trockenen, luftigen, aber zugfreien Ort trocknen lassen und je nach Stärke der Speckseite zwei bis drei Wochen kalträuchern.

VIELFALT
Speck eignet sich zum Verfeinern vieler Speisen wie Eintöpfen oder Suppen, denen er die entscheidende Würze verleiht.

HOLSTEINER GRÜTZWURST

1 kg Grütze (Gerste, Hafer, Buchweizen)
1,5 kg Schwarte
0,5 l Fleischbrühe
54 g Salz
3 g gemahlener weißer Pfeffer
900 g Rosinen

Zubereitung

1 Die Grütze von Hafer, Gerste und Buchweizen über Nacht in kaltem Wasser quellen lassen.

2 Die Schwarte garen und durch die feine Scheibe des Fleischwolfes drehen.

3 Schwartenmasse, Grütze und Brühe zusammengeben und garen lassen.

4 Die Gewürze und die Rosinen darunter mischen.

Tipp

Grützwurst schmeckt besonders gut, wenn sie heiß mit Apfelmus gegessen wird.

GRIEBENSCHMALZ

2 kg Schweineflomen
3 Zwiebeln
1 kg Boskopäpfel

Zubereitung

1 Die Flomenhaut von den Flomen abtrennen.

2 Die Flomen in Streifen schneiden und durch die grobe Scheibe des Fleischwolfes drehen.

3 Die Flomen in einen Kochtopf, dessen Boden mit ein wenig Wasser bedeckt ist, geben und bei kleiner Flamme auslassen. Sie dürfen nicht braun werden.

4 Werden die Grieben gelblich und das ausgelassene Fett klar, dann werden sie durch ein Sieb gegossen.

5 Die Flüssigkeit in einen Steintopf geben. Nach dem Erkalten ist sie ein für viele Speisen verwendbares, gut schmeckendes Schmalz.

6 Die Grieben zurück in den Topf geben und mit Schmalz abdecken.

7 Die Zwiebeln schälen und klein schneiden.

8 Die Äpfel von den Blüten befreien.

9 Zwiebel und Äpfel zur Griebenmasse hinzugeben.

10 Die Mischung aus Grieben, Zwiebeln und Äpfeln bei mittlerer Hitze 20 Minuten kochen lassen.

11 Das Griebenschmalz in einen Steintopf geben und kühl stellen.

NAHRHAFT
Griebenschmalz wird mit Salz oder Zucker gewürzt als Brotaufstrich gegessen. Schmalzbrote sind eine gute »Grundlage« bei einem Besuch im Biergarten oder Weinkeller.

GEFÜLLTE RIPPE

2 kg Rippe	
10 g Salz	
600 g Äpfel	
200 g Rosinen	
50 g Zucker	
100 g Paniermehl	

Zubereitung

1 Das Rippenstück unterhalb des Kotelettstrangs, an der Schulter und am Hinterviertel abtrennen.

2 Den Bauchlappen abschneiden.

3 Von der Rippenoberseite die durchwachsene Speckschicht so ablösen, dass mindestens eine 1 Zentimeter dicke Fleischschicht an den Rippen verbleibt.

4 Die Rippen in der Mitte mit einem Spalter einknicken, aber nicht durchtrennen.

5 Entlang der Rippen mit einem langen, scharfen Messer das Fleisch so von den Rippen schneiden, dass eine Tasche entsteht.

6 Die Tasche von innen salzen.

7 Die Äpfel schälen und in kleine Würfel schneiden.

8 Die Äpfel, die Rosinen, den Zucker und das Paniermehl vermischen.

9 Die Masse in die Tasche füllen.

10 Anschließend die Tasche mit Zwirn zunähen.

DEFTIGE MAHLZEIT

Die gefüllte Rippe wird gebraten und ergibt beispielsweise zusammen mit Kartoffeln und Kraut ein herzhaftes Gericht für eine größere Tafelrunde.

Gefüllte Rippe bekommt ihre besondere Note durch die Füllung mit Äpfeln und Rosinen.

Schlachten und Wursten von Rindern

Rinder sind überaus vielseitige Fleischlieferanten. Ihr Fleisch eignet sich für fast alle Zubereitungsarten vom Braten, Grillen, Kochen bis hin zum Wursten. Berühmte Gerichte wie Filet Stroganoff, Tafelspitz, T-Bone-Steaks oder Roastbeef stammen vom Rind.

Vorbereitende Maßnahmen

Eine gute Planung ist der halbe Erfolg. Bereiten Sie den Schlachtraum, den Ort für die Fleisch- und Wurstzubereitung, alle Geräte und Zutaten sorgfältig vor, bevor Sie mit dem Schlachten und Wursten beginnen.

● Denken Sie daran, dass Sie, sofern Sie selbst schlachten wollen, nach der Tierschutzschlacht-Verordnung vom 3. März 1997 eine gültige Sachkundebescheinigung besitzen müssen.

● Wenn Sie nicht selbst schlachten, dann legen Sie den Schlachttag zusammen mit Ihrem Hausschlachter fest und melden ihn dem Tierarzt. Nach der Fleischhygiene-Verordnung müssen Schlachttiere auch bei Hausschlachtungen vor und nach dem Schlachten untersucht werden (Schlachttier- und Fleischuntersuchung).

Steht Ihnen kein Kühlraum zur Verfügung, sollten Sie zwischen November und Februar schlachten, sonst wird es zu warm.

● Informieren Sie die Helfer rechtzeitig. Zum Schlachten und Verarbeiten benötigen Sie die Unterstützung von zwei bis drei Freunden; von einer Person allein kann die anfallende Arbeit bei so großen Tieren wie Rindern nicht bewältigt werden.

● Am Tag vor der Schlachtung sollte das Tier nur flüssige Nahrung zu fressen bekommen. Der Verdauungstrakt muss so leer wie möglich sein, damit sich das Tier einfacher ausnehmen lässt und Magen und Därme leichter gereinigt werden können. Außerdem wird dadurch verhindert, dass schädliche Fäulnisbakterien über die Nahrung ins Fleisch gelangen.

● Am Tag vor der Schlachtung muss der Schlachtplatz gründlich gereinigt werden. Benutzen Sie zum Reinigen keine Tücher, sondern spülen Sie Schmutz mit fließendem Wasser fort. Ein Tuch ist eine ideale Brutstätte für Bakterien, Keime etc.

● Rechtzeitig vor der Schlachtung müssen Sie die benötigten Geräte auf ihre Funktionsfähigkeit überprüfen, reinigen und bereitstellen.

HELFER

Das Schlachten eines Rindes ist keine leichte Aufgabe. Sichern Sie sich einige Mitarbeiter, um die anfallende Arbeit zu bewältigen.

Ausrüstung

Für das Schlachten werden benötigt:

- Frontlader oder Galgen mit Flaschenzug
- Bolzenschussapparat mit Ersatzpatronen
- Schlachtmesser
- Wetzstahl
- Spalter
- Knochensäge
- Stricke zum Anbinden des Rindes und zum Ruhighalten des Kopfes
- Wannen zum Auffangen der Innereien
- verschließbare Abfalltonne
- abwaschbare Schutzkleidung
- heißes Wasser zum Waschen der Hände und Handtücher.

Für die Verarbeitung werden benötigt:

- Wannen und Eimer zum Aufnehmen des Fleisches
- Fleischwolf mit Füllaufsatz
- Briefwaage zum Abwiegen von Gewürzen
- Küchenwaage
- Pökelgefäß
- Schutzkleidung (Stechschürze, Metallhandschuh, Unterarmstulpen).

- Da das Fleisch nach dem Schlachten bis zu zwei Wochen reifen muss, bevor es verarbeitet werden kann, können Sie die Geräte auch nach dem Schlachten auf Vollzähligkeit und Funktionsfähigkeit überprüfen.
- Während das Fleisch reift, können Sie die Zutaten für die Wurstzubereitung überprüfen und gegebenenfalls ergänzen. Nehmen Sie nur frische Gewürze, Reste aus dem Vorjahr könnten bereits an Würzkraft verloren haben. Kaufen Sie lieber mehr als zu wenig. Nichts ist schlimmer, als wenn während der Zubereitung Gewürze fehlen und erst nachgekauft werden müssen.
- Die Gefriertruhe oder der Gefrierschrank sollten entleert, enteist, gereinigt und wieder vorgefroren werden. Das Fleisch muss nach dem Einlagern so schnell wie möglich durchfrieren.

GERÄTE

Das Reinigen der benötigten Geräte sollte erst kurz vor der Verwendung erfolgen, damit sie auch wirklich sauber sind und keine Keime und Bakterien eingeschleppt werden.

Schlachten

Am Schlachttag wird das Rind, noch bevor die anderen Tiere gefüttert werden, ruhig und ohne beim Tier Stress zu erzeugen zum Schlachtplatz geführt.

Betäuben des Schlachttieres

Ein Hinterfuß wird mit einem Strick an einen Ring im Boden oder an einen kräftigen Pfosten gebunden. Der Kopf wird mit Stricken ruhig gehalten. Arbeiten Sie dabei umsichtig und vorsichtig. Ein Rind besitzt wesentlich mehr Kraft als ein Schwein und kann durch abrupte Bewegungen des Kopfes erhebliche Verletzungen verursachen.

Der mit einer gelben Patrone geladene Bolzenschussapparat wird im Schnittpunkt zweier gedachter Linien, die vom linken Auge zum rechten Horn und vom rechten Auge zum linken Horn führen, angesetzt und ausgelöst. Der Schlagbolzen dringt in das Großhirn, und das Tier stürzt sofort betäubt um.

Ausbluten

Da Rinderblut bei Hausschlachtungen im Allgemeinen keine Verwendung findet, muss es nicht aufgefangen werden. Der Hals wird mit einem kräftigen Schnitt bis auf die Halswirbel durchtrennt. Nachdem das Rind im Wesentlichen ausgeblutet ist, wird der Kopf abgetrennt. Die Hinterbeine werden auseinander gespreizt an die Gabeln des Frontladers gehängt, und der Körper wird zum vollständigen Ausbluten hochgehoben.

Verfügen Sie über keinen Frontlader, müssen die Hinterbeine an eine Eisenstange gebunden werden, die mit Hilfe eines Flaschenzuges hochgehoben wird.

Während der Körper noch ausblutet, wird der Kopf versorgt. Die Hörner werden abgesägt und die Haut bzw. das Fell wird abgezogen. Dazu wird die Haut unter dem Unterkiefer aufgeschnitten und abgelöst. Danach werden die Augen ausgeschnitten, die Zunge gelöst und der Kopf gründlich gespült. Nun wird der Kopf mit einem Fleischerhaken an einer Leiter zur Fleischuntersuchung aufgehängt.

FLEISCHQUALITÄT
Das Ausbluten verbessert die Qualität des Fleisches. Der Körper des Tieres wird hochgehoben, damit er vollständig blutleer wird.

Abhäuten

Beim Abhäuten muß darauf geachtet werden, dass weder das Fell noch das Fleisch eingeschnitten werden. Das zwischen Haut und Fleisch befindliche Fett sollte beim Abziehen am Fleisch und nicht am Fell haften bleiben. Die Außenseite des Fells darf keinesfalls mit dem Fleisch in Berührung kommen, da sonst die Gefahr besteht, dass das Fleisch durch die am Fell haftenden Bakterien, Keime etc. verunreinigt wird.

Der Schlachtkörper kann sowohl im Liegen als auch im Hängen abgehäutet werden. Wir bevorzugen das Abziehen im Hängen. Es ist einfacher und hygienischer, weil hierbei die Gefahr der Verunreinigung des Fleisches sehr viel geringer ist.

ÜBUNG

Das Enthäuten eines Rindes bedarf einiger Übung. Das Fett soll am Fleisch haften bleiben, deshalb darf nicht zu tief eingeschnitten werden.

Zunächst werden die Vorder- und Hinterfüße am Fußgelenk abgetrennt. Bei den Vorderfüßen reicht dazu ein Messer, für die Hinterfüße wird ein Spalter benutzt. Die Haut am Schwanz wird der Länge nach aufgeschnitten. Danach erfolgt ein Schnitt vom After über den Bauch und die Brust bis zum Hals. Beim männlichen Tier werden die Geschlechtsteile (Hoden und Penis), beim weiblichen Tier wird der Euter entfernt.

Nun wird das Fell an den Vorderbeinen über die Beuge bis zum Mittelschnitt aufgeritzt. Dieser Schnitt liegt rechtwinklig zum Mittelschnitt. Das Gleiche geschieht an den Hinterfüßen. Die Hinterbeine werden vom Fell befreit und der Schwanz an allen Seiten freigelegt. Sowie die nackte Schwanzwurzel umfaßt werden kann, wird der Schwanz mit einem kräftigen Ruck aus dem Fell gerissen. Die Quaste wird vom Schwanz abgeschnitten und bleibt am Fell. Anschließend wird das Fell von oben nach unten vom Körper abgezogen.

Ein Helfer hält dabei das Fell straff vom Körper weg nach unten, während ein zweiter Helfer das Fell mit der stumpfen Seite des Spalters vom Fleisch abklopft. Der Frontlader fährt dabei den Tierkörper von Zeit zu Zeit ein Stück höher, damit der Hauer immer aufrecht stehend arbeiten kann. Zum Schluss wird das Fell von den Vorderfüßen und vom Hals abgezogen.

Ausweiden

Zum Ausnehmen wird ein stabiler Tisch an den am Frontlader hängenden Rinderkörper gestellt. Die Tischplatte muss sauber sein! Das Rind wird herabgelassen, so dass die Vorderbeine auf der Tischplatte aufliegen und den Körper fixieren. Der Schlachter steigt, nachdem er die Gummistiefel mit Wasser gründlich abgespült hat, auf die Tischplatte und schneidet in der Mitte zwischen den beiden Schenkeln bis zum After ein, schlägt den Schlossknochen auf und löst den Darm.

Danach wird die Bauchdecke bis zum Brustbein von innen her aufgeschnitten. Das Messer wird dabei mit der Schneide nach oben so zwischen den Fingern geführt, dass die Fingerspitzen die Därme vom Messer wegdrücken. Die herausquellenden Därme werden auf der Tischplatte abgelegt. Die Blase und bei weiblichen Tieren die Gebärmutter werden von der Beckenhöhle gelöst und herausgenommen. Danach wird der Darm am After abgebunden und beginnend beim Schloss vom Rücken getrennt und zusammen mit den Mägen und der Leber herausgezogen.

Der Schlund wird ebenfalls abgebunden und zwei Handbreit vor dem Pansen abgeschnitten. Nun wird der Tisch zur Seite gestellt. Die Galle, Milz und Leber werden abgetrennt.

Die Leber und Milz müssen, wie auch der Kopf, für die Fleischuntersuchung bereitgehalten werden. Als Nächstes werden die Nieren herausgelöst und für die Fleischuntersuchung bereitgehängt.

Nachdem die Eingeweide entfernt sind, wird der Brustkorb geöffnet. Dazu wird das Fettpolster auf der Brust mit dem Messer durchtrennt und das Brustbein mit dem Spalter aufgehauen. Der Hals wird aufgeschnitten, dann das Zwerchfell, danach das Herz und die Lunge gelöst und anschließend zusammen mit dem Schlund herausgezogen.

Das Herz wird aufgeschnitten und gewaschen. Die Lunge wird ebenfalls abgespült und wie die anderen Teile zur Fleischuntersuchung bereitgehängt. Als Letztes wird das Nierenfett herausgelöst. Es kommt in die Abfalltonne, da es heutzutage nicht weiter verwendet wird.

GALLE

Beim Entfernen der Galle von der Leber muss besonders vorsichtig gearbeitet werden, damit keine Gallenflüssigkeit ausläuft, die das Fleisch und die Innereien verderben würde.

Zerteilen des Körpers

Das Rind wird zur besseren Handhabung in vier Stücke zerteilt.

Als Erstes wird der Schwanz abgetrennt und das Fleisch entlang des Rückens, am Bauch und im Lendenbereich eingeschnitten. Dann wird der Körper in der Mitte des Rückgrats vom After bis zum Hals in zwei Hälften gehauen. Die flexiblen Dornfortsätze im Afterbereich, die sich nicht in der Mitte trennen lassen, werden auf eine Seite gespalten. Wollen Sie ganz professionell vorgehen, so teilen Sie sie so, dass sie abwechselnd nach rechts und links fallen. Sind die Hälften getrennt, werden die Nackensehnen durchschnitten und die Hälften gewaschen. Nun wird jede Hälfte geteilt. Dies geschieht gewöhnlich zwischen der sechsten und siebten Rippe. Die Vorder- und Hinterviertel werden zur Fleischuntersuchung und zum Reifen an einem Ort aufgehängt, an dem sie langsam abkühlen können. Die Fleischtemperatur sollte in den ersten zehn Stunden nicht unter 10 °C sinken. Bei zu schneller Abkühlung ziehen sich die Muskelfasern zusammen und das Fleisch wird zäh.

Nach der Fleischuntersuchung wird die Zunge ausgelöst, der Kopf gespalten und das Gehirn herausgenommen.

Reinigen des Magens

PANSEN
Im Gegensatz zu den Eingeweiden wird der Pansen, der erste von den vier Mägen des Rindes, verarbeitet. Er gilt in einigen Gegenden als Delikatesse.

Der Pansen wird von den Eingeweiden und dem Magennetz getrennt. Dann wird ein zwei bis drei Hand breiter Schnitt zwischen den beiden Pansenbeuteln gemacht und der Mageninhalt in eine Wanne oder Schubkarre geleert. Nach dem Ausräumen wird der Pansen umgedreht. Achten Sie darauf, dass die äußere Seite nicht schmutzig wird. Die Ein- und Ausgänge am Pansen werden fest zugebunden, und die Schnittstelle wird mit einem kräftigen Faden zugenäht. Nun wird der Pansen in heißem Wasser gebrüht. Wenn sich die dunkle Haut zu lösen beginnt, wird sie mit einer Schabglocke entfernt. Brühen und Abschaben müssen Sie so oft wiederholen, bis die gesamte dunkle Haut entfernt ist. Zum Schluss wird der Pansen in kaltem Wasser gewaschen und in einer sauberen Schüssel zur weiteren Bearbeitung aufgehoben.

Das Zerlegen (Hauen) der Rinderviertel

Bereits unmittelbar nach dem Schlachten wurde das Rind in vier Teile zerlegt und zur Fleischbeschau bereitgehängt. Nun werden die beiden Vorderviertel und die beiden Hinterviertel weiter zerlegt. Das Hinterviertel besteht aus der Keule mit Oberschale, dem Roastbeef, der Hochrippe und der Dünnung. Das Vorderviertel liefert Bug, Brust, Spannrippe, Fehlrippe, Kamm, Kopf und Fuß. Die folgende Skizze verdeutlicht, aus welchen Hauptfleischteilen ein Rind besteht. Die Bezeichnungen der Fleischteile entsprechen im Wesentlichen den Bezeichnungen der Deutschen Landwirtschaftsgesellschaft (DLG), in Klammern wurden die zum Teil bekannteren, volkstümlichen Namen hinzugefügt.

Hauptfleischteile im Überblick

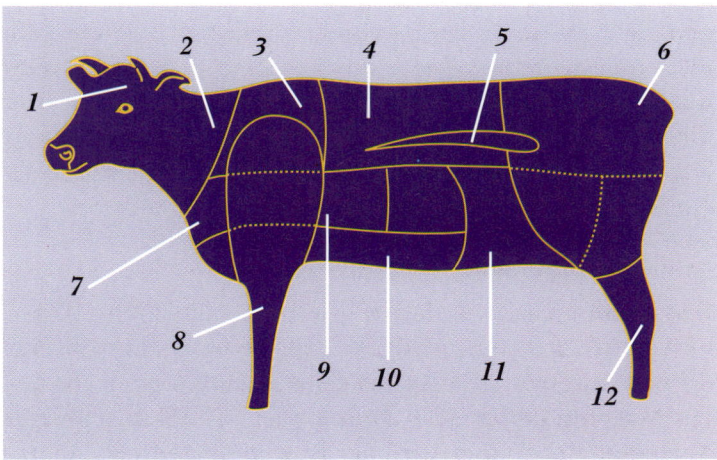

1 Kopf
2 Kamm (Nacken)
3 Fehlrippe
4 Rücken
5 Filet
6 Keule
7 Bug (Schulter)
8 Vorderhesse
9 Spannrippe
10 Brust
11 Fleischdünnung
12 Hinterhesse

Diese Hauptfleischteile sind immer noch von beträchtlicher Größe. Sie müssen deshalb weiter zerteilt werden, bevor sie für den Hausgebrauch Verwendung finden können. Ein Rind liefert eine große Palette von Fleisch zum Dünsten, Braten und Kochen. Anders als Schweinefleisch kann Rindfleisch auch sehr gut als Suppenfleisch eingesetzt werden. Die Knochen liefern eine hochwertige Fleischsuppe. Sie werden deshalb ausgelöst und zum Teil auch gespalten. Die Röhrenknochen liefern wertvolles Mark.

Zerteilen des Hinterviertels

Das Hinterviertel wird in Dünnung, Roastbeef, Filet und Keule zerlegt. Die Dünnung wird mit dem Messer vorgeschnitten und die Rippen anschließend mit dem Spalter oder einer Säge durchtrennt. Als Nächstes wird das Filet vorsichtig herausgelöst. Weder das Filet noch die Keule dürfen dabei mit dem Messer beschädigt werden. Dann wird der Roastbeefstrang im ersten Gelenk abgetrennt. Bei der elften Rippe wird die Hochrippe abgesägt.

Zerteilen des Vorderviertels

Vom Vorderviertel wird als erstes der Bug herausgelöst. Der Schnitt wird um die Schulter geführt. Das Vorderbein wird hochgedrückt und der Bug zwischen Schulterblatt und Blattknorpel gelöst. Als Nächstes wird der Kamm zwischen dem sechsten und siebten Halswirbel durchgesägt und nach unten abgeschnitten. Die Fehlrippe wird von der Spannrippe und der Brust getrennt. Dazu wird das Fleisch zwei Zentimeter oberhalb des Fettansatzes mit dem Messer in Richtung Einstich eingeschnitten, und die Rippen werden mit einer Säge durchschnitten oder einem Spalter durchschlagen. Zuletzt werden Spannrippe und Brust ebenso getrennt.

Auslösen der Knochen

GEFAHR
Beim Auslösen von Knochen sollten Sie auf jeden Fall Schutzbekleidung tragen. Die Verletzungsgefahr durch scharfe Messer ist sehr groß.

Rindsknochen sind hervorragend zur Herstellung einer kräftigen Fleischbrühe geeignet. Sie bestehen aus vielen wertvollen Mineralstoffen und Eiweiß. Die Röhrenknochen werden zersägt, damit das fettreiche Mark genutzt werden kann. Gelenkköpfe, Spitzbein, Darmbein und Schambein werden durchgesägt. Alle Knochen werden in einem Gefäß gesammelt.

Ausbeinen

Es sollte immer dort begonnen werden, wo der Knochen in Oberflächennähe verläuft. Um so wenig wie möglich in das Muskelfleisch zu schneiden, wird die Knochenhaut vor dem Auslösen der Knochen eingeritzt und der Knochen anschließend ohne die Haut herausgezogen.

Entbeinen des Bugs

Zwischen Schulterblatt und Oberarmknochen wird direkt am Gelenk eingeschnitten. Danach an beiden Seiten des Blattknochens flach einschneiden und den Schaufeldeckel mit der Hand nach unten abziehen. Den Blattkopf freilegen, die Knochenhaut aufritzen, den Knochen lösen und das Schulterblatt herausziehen. Danach die Ober- und Unterarmknochen sorgfältig freilegen, am Gelenk durchtrennen, die Knochenhaut aufritzen und die Röhrenknochen herausziehen.

Entbeinen der Keule

Zunächst den Beckenknochen freilegen und den Schlossknochen unter der Gelenkpfanne durchtrennen, die Knochenhaut aufritzen und den Hüftknochen herausziehen. Anschließend die Gelenkkapsel durchschneiden und den Schlossknochen herauslösen. Den Schwanzknochen abtrennen. Die Hinterhesse am Kniegelenk abschneiden. Als letztes wird der Oberschenkelknochen ausgeschält. Hierzu wird die Oberschale immer der Gewebenaht folgend von der Kugel gelöst. Die Knochenköpfe werden freigelegt, die Knochenhaut eingeschnitten und der Knochen beginnend bei der Kugel herausgelöst.

Entbeinen des Roastbeefs

Der Roastbeefstrang wird entbeint, indem er mit dem Messer immer den Knochen folgend sauber und glatt herausgeschnitten wird.

Entbeinen der Hochrippe

Gehen Sie beim Entbeinen der Hochrippe so wie beim Roastbeefstrang vor.

Entbeinen der Brust

Zunächst werden Brustbein und Knorpelansatz voneinander getrennt. Danach wird das Brustbein so umgebogen, dass man die Rippenansätze mit der Hand fassen und herausziehen kann. Zum Schluss wird das Brustbein herausgelöst.

SORGFALT

Legen Sie immer zuerst den Knochen vorsichtig frei und schneiden Sie ganz nah am Knochen entlang, um das Fleisch möglichst wenig zu verletzen.

Verwendung in der Küche

Auch beim Rind gibt es viele Möglichkeiten, das Fleisch zu verarbeiten. Sie werden durch regionale Besonderheiten geprägt. Wir halten uns bei der Verarbeitung des Rinds an die Vorgehensweise, die schon seit Generationen üblich ist.

Verwendung des ausgebeinten und zerteilten Hinterviertels

- Hinterhesse und Dünnung – Suppenfleisch; das magere Fleisch ist auch als Gulasch oder Hack geeignet.
- Roastbeef – Die an der Außenseite entlanglaufende Sehne müssen Sie einige Zentimeter breit ablösen, sie würde sich beim Braten zusammenziehen und das Fleisch aufwölben. Die Kette an der Innenseite sollten Sie ebenfalls abtrennen.

Das entbeinte Fleisch eignet sich darüber hinaus hervorragend

- als Braten, als Roastbeef, in Scheiben geschnitten als Rumpsteak/Sirloinsteak oder, in besonders dicke Scheiben geschnitten, als Entrecôte.
- als Clubsteaks, die aus dem vorderen Teil des Roastbeefstrangers geschnitten werden.

TAFELSPITZ
Das Filet gilt mit Ausnahme der Wiener Küche als das zarteste und schmackhafteste Stück des ganzen Rindes. In Wien wird dies vom Tafelspitz behauptet. Der Tafelspitz ist ein Teil der Keule und wird aus dem Schwanzstück geschnitten.

Bevorzugen Sie T-Bone- oder Porterhousesteaks, dann sollten Sie den Roastbeefstrang nicht ausbeinen und das Filet nicht heraustrennen. Um beiden Vorlieben gerecht zu werden, empfiehlt es sich, bei einem Hinterviertel das Filet zu entfernen und das Roastbeef zu entbeinen, um Braten und/oder Rumpsteak zu gewinnen und bei dem anderen das Roastbeef zusammen mit dem im Fleisch belassenen Filet zu T-Bone- oder Porterhousesteaks zu verarbeiten. In diesem Fall schneiden Sie das Fleisch zwischen den Rippen bis zum Knochen vor und sägen oder hauen es durch.

- Filet – Sofern das Filet nicht am Roastbeefstrang verblieben ist, wird es enthäutet und die Kette an der Rückseite entfernt. Der mittlere Teil des Filets kann in fünf Zentimeter dicke Scheiben zu Chateaubriands und der im Durchmesser kleinere Teil zu Tenderloinsteaks, Tournedos oder Filets Mignon geschnitten werden. Der Filetkopf wird in

Scheiben zu Tournedos oder in Streifen zu Filetgulasch oder Stroganoff geteilt. Das schmale Endstück eignet sich nur für Filetgulasch oder Stroganoff.

● Keule – Das Fleisch der Keule eignet sich hervorragend für Braten, Rouladen und Steaks.

Die Hinterhesse wurde bereits beim Entbeinen von der Keule abgetrennt und die Oberschale und Kugel gelöst. Als Nächstes trennt man entlang der Naht des Bindegewebes die Blume vom Schwanzstück.

Die Oberschale kann zu Braten, Rollbraten und Rouladen aufgeschnitten werden. Das Schwanzstück kann in Schwanzrolle, Eckstück, Bürgermeisterstück und den schon erwähnten Tafelspitz zerlegt werden, wobei der Tafelspitz die Spitze der bis in die Hüfte reichenden Unterschale ist. Die Kugel lässt sich noch weiter in die flache Nuss, runde Nuss und den Nusszapfen aufteilen und zu Steaks schneiden. Beim Nusszapfen sollte die Knochenhaut vor der Verarbeitung aus dem Fleisch herausgelöst werden. Die Blume kann in Huftdeckel, schmale Huft, breite Huft und Huftzapfen geteilt werden. Auch aus der Kugel und dem Eckschwanzstück lassen sich gute Rouladen schneiden. Achten Sie darauf, dass Sie das Fleisch für Rouladen quer zur Faser schneiden.

Verwendung des ausgebeinten und zerteilten Vorderviertels

● Bug – Das Fleisch des Bugs dient vorwiegend als Bratenfleisch. Immer den Nähten der Bindegewebe folgend, sollten Sie den Bug in dickes Bugstück, Schaufelstück, falsches Filet, Schaufeldeckel und Hesse zerteilen. Das dicke Bugstück ist das wertvollste Stück. Schneiden Sie die stumpfe Spitze gerade und zwar so, dass der spitze Teil eine gute Bratenportion ergibt. Den anschließenden Teil können Sie je nach Wunsch zu Braten und Rouladen schneiden oder als Hack verarbeiten.

Das falsche Filet ist ebenfalls als Braten geeignet. Es neigt jedoch dazu auszutrocknen. Sie sollten den Braten spicken oder mit Speck umwickeln. Das falsche Filet kann auch für Hack genommen werden.

FLEISCH-STRUKTUR
Beim Zuschneiden muss darauf geachtet werden, dass das Fleischstück aus einer einheitlichen Muskelfaserstruktur besteht. Sonst kann es passieren, dass aufgrund verschiedener Garzeiten ein Teil des Bratens zart und der andere Teil zäh wird.

Das Schaufelstück ist sowohl zum Kochen als auch zum Braten und für Hack geeignet. Die dicke Sehne, die es durchzieht, quillt beim Kochen auf und wird weich. Das Fleisch des Schaufeldeckels kann, nachdem es von den Sehnen gelöst wurde, zu Gulasch und Hack verarbeitet werden. Die Hesse ergibt ein sehr gutes Suppen- oder Gulaschfleisch.

● Brust – Die Brust kann zu Brustspitz, Mittel- und Nachbrust weiter zerteilt werden. Zusammen mit den Knochen liefern diese Teile gutes Fleisch zum Kochen.

● Fehlrippe – Das Fleisch der Fehlrippe eignet sich sowohl zum Kochen als auch zum Braten. Als Kochfleisch wird es zusammen mit den Knochen portioniert. Wollen Sie es braten, sollte das magere, feinfaserige Fleisch des Herzstücks vom Knochen getrennt werden. Es eignet sich zum Kurzbraten oder zum Grillen. Die anderen Fleischteile können zu Gulasch oder Hack verarbeitet werden.

● Spannrippe – Eignet sich hauptsächlich zu Suppenfleisch.

● Kamm – Das Fleisch des Kamms können Sie für Gulasch oder Hack verwenden. Zum Braten ist es wenig geeignet, weil es in mehrere kleinere Muskelstränge zerfällt.

Verwendung der Innereien

● Hirn – Früher wurde das Hirn gewässert und gehäutet als Einlage in Suppen, gebacken, als Füllung im Ragout fin oder gebraten als Brotaufstrich verwendet. Heute wird der Verzehr nicht mehr empfohlen.

● Euter – Der Euter wird oft als Zusatz zu Haschee verwendet. Er kann auch in Scheiben geschnitten und gebacken als so genanntes Berliner Schnitzel zubereitet werden.

● Herz – Für viele ist das Herz wegen seines feinen Muskelfleisches eine Delikatesse. Die Sehnen, Adern und der Herzwandknochen müssen entfernt werden. Das Herz kann geschmort, gekocht oder eingelegt gegessen werden.

● Leber – Gallengänge, Ader und Haut müssen entfernt werden. In Scheiben geschnitten kann sie kurz gebraten oder klein gehackt zu Leberknödeln verarbeitet werden.

● Magen (Kutteln) – Hierbei handelt es sich um den Pansen. Zu seiner Verarbeitung siehe Seite 94.

KUTTELN
Gegessen wird der Magen als Suppeneinlage, als »Königsberger Fleck« oder in Streifen geschnitten als Salat. Er kann auch gekocht und anschließend zusammen mit Zwiebeln gebraten und heiß gegessen werden.

- Nieren – Die inneren Harnwege müssen herausgelöst und die Nieren anschließend gründlich gewässert werden. Sie eignen sich klein geschnitten als Suppeneinlage.
- Zunge – Sie kann gepökelt, geräuchert oder gekocht verarbeitet werden. Gegessen wird sie hauptsächlich als Zungenragout, gekochte Zunge mit Meerrettich oder als Aufschnitt.

Wursten

Wurst aus Rindfleisch wird wie im Kapitel »Schlachten und Wursten von Schweinen« (Seite 48ff.) beschrieben zubereitet. Da Rindfleisch zu wenig Fett enthält und die Wurst zu trocken und hart werden würde, sollte fettes Schweinefleisch, Kalbfleisch und/oder Schweinefett hinzugegeben werden. Dauerwurst aus Rindfleisch ist härter und schnittfester als Wurst aus Schweinefleisch und schmeckt kerniger.

Dauerwurst

Rindfleisch eignet sich hervorragend für die Herstellung von haltbaren, lange lagerfähigen Würsten.

METTWURST NACH HOLSTEINER ART

2 kg Rindfleisch	
1 kg Schweineschulter	
75 g Salz	
1 g Salpeter	
9 g Zucker	
9 g gemahlener weißer Pfeffer	
2 cl 40-prozentiger Rum	

Zubereitung

1 Das Rindfleisch durch die feine, die Schweineschulter durch die mittlere Scheibe des Fleischwolfes drehen.

2 Mit den Gewürzen und dem Rum vermengen und mindestens fünf Minuten lang gründlich mischen und durchkneten.

3 Mit Hilfe des Fleischwolfes und des Füllaufsatzes die Rohmasse sehr fest in mittlere Därme zu Würsten von etwa 1 Kilogramm stopfen.

4 24 Stunden trocknen lassen, dann 20 bis 25 Tage kalträuchern.

SCHADSTOFF-BELASTUNG

Die Zunge galt früher als Delikatesse. Leider ist ihr Verzehr wegen der zu hohen Schadstoffbelastung heute nicht mehr zu empfehlen.

PLOCKWURST

1 kg Rindfleisch	
1 kg Kalbfleisch	
1 kg durchwachsener Speck	
75 g Salz	
1 g Salpeter	
9 g gemahlener weißer Pfeffer	
6 g Zucker	
12 g Senfkörner	

HALTBARKEIT
Rindswürste sind lange haltbar, besonders wenn sie nach dem Trocknen noch geräuchert werden.

Zubereitung

1 Das Rindfleisch durch die feine, das Kalbfleisch und den durchwachsenen Speck durch die mittlere Scheibe des Fleischwolfes drehen.

2 Das Fleisch mit den Gewürzen vermengen und mindestens fünf Minuten lang gründlich mischen und durchkneten, damit eine homogene Konsistenz entsteht.

3 Die Wurstrohmasse mit Hilfe des Fleischwolfes und des Füllaufsatzes sehr fest in mittlere Därme zu etwa 1 Kilogramm stopfen.

4 24 Stunden trocknen lassen, dann 20 bis 25 Tage kalträuchern.

ZERVELATWURST

2,6 kg gut abgehangenes Rindfleisch	
400 g kerniger Rückenspeck ohne Schwarte	
84 g Salz	
1 g Salpeter	
6 g Zucker	
9 g gemahlener weißer Pfeffer	

Zubereitung

1 Das Rindfleisch und den Rückenspeck durch die feine Scheibe des Fleischwolfes drehen.

2 Mit den Gewürzen vermengen und mindestens 5 Minuten lang gründlich durchkneten.

3 Mit Hilfe des Fleischwolfes und des Füllaufsatzes die Rohmasse sehr fest in mittlere Därme zu etwa 1 Kilogramm Gewicht stopfen.

4 Zwei bis drei Wochen in einem Raum ohne Zugluft reifen lassen.

5 Danach vier bis fünf Tage kalträuchern.

Trocknen und Räuchern

Wurst aus Rindfleisch kann etwas trocken sein, ist aber eine ausgezeichnete, lange haltbare Dauerwurst.

RINDERLANDJÄGER

2 kg schieres Rindfleisch	
1 kg fettes Rindfleisch	
1 Knoblauchzehe	
75 g Salz	
12 g Zucker	
1 g Kümmel	
1 g Koriander	
15 g Senfkörner	

Zubereitung

1 Das schiere Rindfleisch durch die mittlere Scheibe des Fleischwolfes drehen.
2 Das fette Rindfleisch durch die feine Scheibe des Fleischwolfes drehen.

3 Die Knoblauchzehe zur Rohmasse pressen.
4 Die Gewürze zur Rohmasse geben, abschmecken.
5 Die Rohmasse kneten, damit sich das trockene Fleisch miteinander verbindet.
6 Mit dem Fleischwolf die Masse in Schweinesaitlinge pressen.
7 Sieben Tage in einem Raum ohne Zugluft reifen lassen.
8 Danach zwei Wochen kalträuchern und anschließend acht Tage nachreifen lassen.

PFEFFERBEISSER

1,5 kg mageres Rindfleisch	
1 kg fetter Schweinebauch	
500 g gutes Pferde- oder Ziegenfleisch	
1 Knoblauchzehe	
75 g Salz	
12 g Zucker	
11 g schwarzer Pfeffer	
1,5 g gemahlener Ingwer	
15 g Senfkörner	
3 g scharfer Paprika	
1,5 g Macis	

Zubereitung

1 Das Rindfleisch durch die mittlere, den Schweinebauch, das Pferde- oder Ziegenfleisch durch die feine Scheibe des Fleischwolfes drehen.
2 Die Knoblauchzehe zur Rohmasse pressen.
3 Gewürze zur Wurstrohmasse geben und durchkneten, damit sich das sehr trockene Fleisch gut verbindet.
4 Mit Fleischwolf und Füllaufsatz in Schafs- oder Schweinesaitlinge pressen.
5 Zwei Tage in einem kühlen Raum ohne Zugluft reifen lassen.
6 Anschließend drei bis vier Tage kalträuchern.
7 Danach sieben Tage zugluftfrei nachreifen lassen.

ZUGLUFT
Dauerwürste reifen am besten in kühlen Räumen ohne Zugluft. Sie trocknen dann gleichmäßig ab.

SALAMISTANGEN

2 kg Rindfleisch	
1 kg Speck vom Rücken oder Nacken	
1 Knoblauchzehe	
75 g Salz	
1 g Salpeter	
6 g gemahlener weißer Pfeffer	
6 g Zucker	
1,5 g gemahlene Muskatnuss	
1,5 g Majoran	
1,5 g Kümmel	

Zubereitung

1 Das Rindfleisch durch die feine Scheibe, den Speck durch die mittlere Scheibe des Fleischwolfes drehen.

2 Die geschälte Knoblauchzehe durch eine Knoblauchpresse drücken.

3 Die Masse zusammen mit den Gewürzen vermengen und mindestens fünf Minuten lang gründlich durchkneten.

4 Die Rohmasse mit Hilfe des Fleischwolfes und des Füllaufsatzes sehr fest in Dünndärme stopfen.

5 Paarweise in 20 bis 25 Zentimeter lange Würste abbinden.

6 Zwei bis drei Wochen in einem Raum ohne Zugluft reifen lassen. Mehrfach umhängen, damit alle Würste gleichmäßig reifen.

7 Nach dem Reifen können die Würste noch drei Tage kaltgeräuchert werden.

TROCKNEN
Salamistangen werden besonders gut, wenn sie lange trocknen können und kein Wasser mehr enthalten.

Salami ist nicht nur ein delikater Brotbelag, sondern eignet sich auch gut für Pizza.

Spezialitäten aus Rindfleisch

Rindfleisch eignet sich ausgezeichnet zum Pökeln und zur Zubereitung von Schinken, wie die folgenden Spezialitätenrezepte beweisen. Dazu wird das Fleisch einige Zeit in Pökellake gelegt, dann getrocknet und je nach Wunsch noch zusätzlich geräuchert.

PÖKELFLEISCH

2 l Wasser
120 g Nitritpökelsalz
9 g Zucker
3 kg Rindfleisch

Zubereitung

1 Das Wasser kochen und durch Zugabe von Salz und Zucker eine Pökellake herstellen.
2 Die Lake heiß über das Fleisch geben. Das Fleisch sollte etwa 3 Zentimeter bedeckt sein.

3 Reichen 2 Liter Wasser nicht aus, muss mehr Lake angesetzt werden.
4 Das Fleisch zwei Wochen in der Lake ziehen lassen.
5 Nach einer Woche wenden.
6 Nach zwei Wochen herausnehmen und trocknen.
7 Soll das Fleisch geräuchert werden, dann zunächst 24 Stunden trocknen und anschließend fünf Tage kalträuchern.

RINDERSCHINKEN

Geeignet ist die Unterchale, aber auch andere Teile der Keule. Das Fleisch muss sich in einem einwandfreien Zustand befinden. Es wird zu einem gleich großen Stück zurechtgeputzt und gleichmäßig kräftig mit Nitritpökelsalz eingepökelt.

Zubereitung

1 Den Schinken drei Wochen pökeln.

2 Damit er nicht in der sich nach und nach bildenden Lake schwimmt, wird er auf einen Rost gelegt.
3 Nach drei Wochen 12 Stunden lang wässern.
4 Anschließend den Schinken trocknen und je nach Geschmack zwei bis drei Wochen lang kalträuchern. Rauch braucht dabei nur jeden zweiten Tag erzeugt zu werden.

PÖKELLAKE
Für die Pökellake werden je Kilogramm Schinken 50 Gramm Nitritpökelsalz und 3 Gramm Zucker gemischt und in heißem Wasser gelöst.

Schlachten und Wursten von Kälbern

**Kälber sind besonders geschätzte Schlacht-
tiere, weil ihr Fleisch sehr feinfaserig, fettarm
und zart ist. Sie werden etwa im Alter von
acht bis zwölf Wochen geschlachtet.**

Vorbereitende Maßnahmen

Das Schlachten erfolgt wie bei Rindern, deshalb sind auch die vorbereitenden Maßnahmen ganz ähnlich. Folgende Unterschiede sind zu beachten:

● Wegen des geringen Gewichtes des Kalbes ist ein Frontlader oder Flaschenzug zum Aufhängen des getöteten Tieres nicht erforderlich. Das Kalb kann mittels Fleischerhaken an einen Galgen oder einen Balken gehängt werden.

● Im Gegensatz zur langen Reifezeit beim Rind benötigt Kälberfleisch nur zwei Tage zum Reifen. Sie sollten deshalb bereits vor dem Schlachten alle Zutaten für die Weiterverarbeitung überprüfen und gegebenenfalls ergänzen, denn dann muss es schnell gehen.

Schlachten

Am Schlachttag wird das Kalb, noch bevor die anderen Tiere gefüttert werden, ruhig und ohne beim Tier Stress zu erzeugen zum Schlachtplatz geführt.

Betäuben des Schlachttieres

Der Kopf wird mit einem Strick an einen Ring oder Pfosten gebunden. Der Bolzenschussapparat wird mit einer grünen Patrone geladen und wie beim Rind im Schnittpunkt zweier gedachter Linien (linkes Auge – rechtes Horn, rechtes Auge – linkes Horn) angesetzt und ausgelöst. Der Schlagbolzen dringt ins Großhirn ein und das Kalb stürzt betäubt zu Boden.

Ausbluten

Da wir das Kalbsblut nicht weiterverarbeiten, muss es nicht aufgefangen werden. Der Hals wird zum Ausbluten mit einem kräftigen Schnitt bis auf die Halswirbel durchtrennt. Nachdem das Tier ausgeblutet ist, wird der Kopf abgetrennt. Das Kalb wird mit Fleischerhaken an den gespreizten Hinterfüßen aufgehängt. Während der Körper ausblutet, wird der Kopf, wie beim Rind beschrieben, hergerichtet.

SCHLACHTEN
Kälber werden im Allgemeinen wie Rinder geschlachtet und zerteilt. Da sie kleiner sind, ist dies allerdings viel leichter zu bewerkstelligen.

Abhäuten

Das Abhäuten geschieht in der gleichen Reihenfolge und Vorgehensweise wie beim Rind beschrieben (siehe Seite 92).

Ausweiden

Das Ausweiden geschieht ebenfalls wie beim Rind (vgl. Seite 93). Sie benötigen jedoch keinen Tisch, da das Kalb vom Boden aus bearbeitet werden kann. Zur Aufnahme der Eingeweide sollten Sie eine größere Wanne bereitstellen. Wollen Sie Teile davon weiterverarbeiten, dürfen die Eingeweide nicht schmutzig werden. Eine weitere Schüssel benötigen Sie für die Ablage von Zunge, Herz, Lunge, Bries, Milz und Leber.

SCHÜSSELN
Vergessen Sie nicht, eine ausreichend große Anzahl an Gefäßen für die Aufnahme der Innereien bereitzuhalten.

Im Einzelnen gehen Sie wie folgt vor: In der Mitte zwischen den beiden Schenkeln wird bis zum After eingeschnitten, der Schlossknochen mit dem Messer durchtrennt und der Darm gelöst. Nun wird die Bauchdecke bis zum Brustbein von innen her aufgeschnitten. Das Messer wird mit der Schneide nach oben so zwischen den Fingern geführt, dass die Fingerspitzen die Därme vom Messer wegdrücken. Als Nächstes wird die Blase aus der Beckenhöhle gelöst. Danach wird der Darm am After abgebunden und, beginnend beim Schloss, vom Rücken getrennt und zusammen mit den Mägen und der Leber herausgezogen und in die bereitstehende Wanne gelegt. Den Schlund bindet man ab und schneidet ihn zwei Hand breit vor dem Pansen ab. Er wird deshalb abgebunden, damit kein Mageninhalt auslaufen kann. Die Galle, Milz und Leber werden gelöst. Leber und Milz müssen, wie auch der Kopf, für die Fleischuntersuchung bereitgehalten werden. Die Nieren bleiben im Körper. Sie werden nur durch einen Schnitt ins Bindegewebe für die Fleischuntersuchung freigelegt.

Nachdem die Eingeweide entfernt sind, wird der Brustkorb geöffnet. Dazu wird das Fettpolster auf der Brust mit dem Messer durchtrennt und das Brustbein mit dem Spalter vorsichtig aufgehauen. Danach wird der Hals aufgeschnitten, das Zwerchfell aufgetrennt, Bries, Herz und Lunge werden gelöst und mit dem Schlund herausgezogen. Das Herz wird aufgeschnitten und wie die Lunge gewaschen.

Zerteilen des Körpers

Das Kalb wird der Länge nach gespalten. Dazu wird der Schwanz abgetrennt und das Fleisch entlang des Rückens, am Bauch und im Lendenbereich eingeschnitten. Nun wird der Körper vom After bis zum Hals in zwei Teile gehauen. Die flexiblen Dornfortsätze im Afterbereich, die sich nicht in der Mitte trennen lassen, werden gespalten. Anschließend werden die Hälften zwischen der siebten und achten Rippe in Vorder- und Hinterviertel getrennt.

Die Viertel werden abgewaschen und zusammen mit dem Kopf und den Innereien in einem kühlen Raum für die Fleischuntersuchung bereitgehängt.

Nach der Fleischuntersuchung wird zunächst die Zunge aus dem Kopf gelöst, dann der Kopf gespalten und das Hirn herausgenommen.

Reinigen der Eingeweide

Därme

Im Gegensatz zu Rinderdärmen sind Kalbsdärme gut für die Wurstherstellung geeignet. Sie werden wie Schweinedärme gereinigt und behandelt. Die genaue Vorgehensweise finden Sie auf Seite 42.

Magen

Der Pansen wird von den Eingeweiden und dem Magennetz getrennt. Mit einem ca. zwei Hand breiten Schnitt zwischen den beiden Pansenbeuteln wird der Magen geöffnet und der Inhalt in eine bereitstehende Schüssel geräumt. Ist der Pansen vorgereinigt, wird er von innen nach außen gewendet. Dabei darf die äußere Fettseite nicht schmutzig werden. Die Öffnungen am Panseneingang und -ausgang werden fest zugebunden und der Schnitt mit einem kräftigen Faden zugenäht. Nun wird der Pansen in heißem Wasser gebrüht. Wenn sich die dunkle Haut zu lösen beginnt, wird sie mit einer Schabglocke entfernt. Brühen und Abschaben müssen Sie so lange wiederholen, bis der Pansen völlig sauber ist. Als Letztes wird der Pansen in kaltem Wasser gewaschen und in einer sauberen Schüssel zur weiteren Bearbeitung aufgehoben.

EINGEWEIDE
Anders als beim Rind können Kalbsdärme für die Wurstherstellung verwendet werden. Kalbspansen sind in manchen Regionen eine Spezialität.

109

Das Zerlegen (Hauen) der Kälberviertel

Die Hauptfleischteile eines Kalbes entsprechen ungefähr den Teilen eines Rindes. Genau wie beim Rind werden die beiden Hinter- und Vorderviertel noch weiter in die folgenden Einzelteile zerlegt. Allerdings ist die Bearbeitung des Schlachtkörpers weit weniger aufwendig und anstrengend als bei ausgewachsenen Rindern, denn das Schlachtgewicht ist um ein Vielfaches geringer.

Hauptfleischteile im Überblick

1 Filet
2 Sattelstück
3 Kotelett
4 Kopf
5 Hals
6 Schulter (Bug)
7 Vorderhaxe
8 Brust
9 Bauch
10 Hinterhaxe
11 Keule

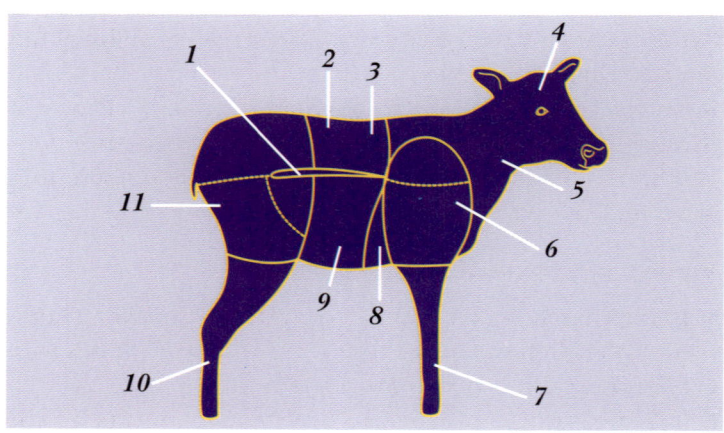

Zerteilen des Hinterviertels

● Nierenstück – Das Nierenstück wird so von der Keule getrennt, daß der letzte Lendenwirbel an der Keule verbleibt. Wollen Sie aus dem Nierenstück später Nierenbraten zubereiten, bleibt die Dünnung am Nierenstück. Die Knochen werden herausgelöst und das Fett von der Dünnung entfernt. Wollen Sie das Nierenstück hingegen anderweitig verwerten, wird die Dünnung abgetrennt, die Knochen werden allerdings bis zur weiteren, entgültigen Verarbeitung zunächst am Fleisch belassen.

● Keule – Die Keule wird wie beim Rind entbeint. Die Hinterhesse wird abgetrennt, ohne den Knochen auszulösen. Anschließend werden entlang der Nahtstellen des Bindegewebes die Oberschale, das Schwanzstück und die Kugel abgetrennt.

Zerteilen des Vorderviertels

● Bug – Vom Bug wird zunächst die Vorderhesse abgetrennt. Danach werden wie beim Rind die Knochen herausgelöst und das Fleisch in dicker Bug, Schulterblatt, falsches Filet, Eckbugstück und Schulterdeckel zerlegt. Das Fleisch kann zu Braten portioniert werden.

● Kotelett – Der Kotelettstrang wird von der Brust getrennt, zwischen den einzelnen Rippen mittig geteilt und als Kalbskotelett verwendet. Das Fleisch kann auch für andere Verwendungen entlang der Knochen ausgelöst werden.

● Brust – Die Knochen werden aus der Brust gelöst, und das Fleisch wird für gefüllte Kalbsbrust oder Kalbsrollbraten zurechtgeschnitten.

● Kamm – Die Knochen werden ausgelöst. Die vom Schlachten herrührenden blutigen Stellen müssen herausgeschnitten werden, damit das Fleisch bei der Zubereitung seine helle Farbe behält.

Verwendung in der Küche

● Bratenfleisch – Zum Braten eignet sich das gesamte Fleisch des Kalbes. Dünne Stücke können gefüllt oder ungefüllt als Rollbraten zubereitet werden.

● Kalbsnierenbraten – Er wird aus dem Nierenstück zubereitet. Reichen die eigenen Kalbsnieren nicht aus, können auch Schweinenieren verwendet werden.

● Gefüllter Kalbsbraten – Hierfür eignen sich die Brust und die Dünnung.

● Cordon bleu – Es wird aus dem Schwanzstück geschnitten.

● Schnitzel – Sie können aus der Oberschale, dem Schwanzstück und der Kugel geschnitten werden.

● Kotelett – Es wird aus dem Kotelettstrang des Rückenstückes zubereitet.

● Ragout/Gulasch – Hierfür nimmt man gewöhnlich den Kamm oder Teile des Bugs. Es kann aber auch jedes andere Stück Fleisch verwendet werden.

● Kalbsleber – Sie kann kurz gebraten gegessen oder zu Leberwurst verarbeitet werden.

● Zunge – Die Zunge eignet sich besonders für Ragout.

ZARTHEIT
Kalbfleisch liefert ausgezeichnetes, zartes Fleisch und ist deshalb in der Küche sehr beliebt. Das berühmte Wiener Schnitzel besteht im Original aus Kalbfleisch.

111

Wursten

Kalbfleisch eignet sich besonders gut für Leberwürste und delikate Bratwurstsorten.

KALBSLEBERWURST

600 g durchwachsener Speck	
1,5 kg Kalbfleisch	
900 g Kalbsleber	
1 mittelgroße Zwiebel	
69 g Nitritpökelsalz	
6 g gemahlener weißer Pfeffer	
3 g Paprika, edelsüß	
1,2 g Kardamom	

SCHONKOST

Wurst aus Kalbfleisch ist mager und bekömmlich und deshalb auch für Schonkost geeignet. Im Vergleich zu Schweinefleisch hat Kalbfleisch viel weniger Kalorien.

Zubereitung

1 Vom Speck ungefähr 50 Gramm abtrennen.

2 Das Kalbsfleisch und den restlichen Speck ca. eine Stunde kochen und durch die feine Scheibe des Fleischwolfes drehen.

3 Die Leber überbrühen, abhäuten, garen und durch die feine Scheibe drehen.

4 Die Zwiebel schälen und anschließend in Ringe schneiden.

5 Den Speck würfeln, in der Pfanne auslassen, die Zwiebelringe dazu geben und so lange dünsten, bis Fett und Zwiebeln glasig sind.

6 Das Fett abseihen und zur Wurstmasse geben.

7 Gründlich mit den Gewürzen vermischen und mit Hilfe des Fleischwolfes und des Füllaufsatzes in mittlere Därme füllen.

8 10 Minuten lang bei 75 °C brühen, kalt abschrecken, über Nacht trocknen lassen, danach drei bis acht Tage kalträuchern.

DIÄTBRATWURST

2,5 kg Kalbfleisch	
500 g Schweinefleisch	
30 g Salz	
3 g Zucker und Paprika	
1,5 g Majoran	

Zubereitung

1 Das Fleisch durch die mittlere Scheibe drehen.

2 Mit den Gewürzen gründlich vermischen, abschmecken und mithilfe von Fleischwolf und Füllaufsatz in Kalbs- oder Schweinesaitlinge füllen.

3 Die Würste kurz überbrühen und zügig verzehren.

KALBSBRATWURST

2 kg Kalbfleisch von Bauch, Hals oder Spitzbrust
1 kg fettes Kalbfleisch
Eiweiß von 2 Eiern
60 g Salz
6 g gemahlener weißer Pfeffer
1,2 g Muskatnuss

Zubereitung

1 Das magere und fette Fleisch durch die feine Scheibe des Fleischwolfes drehen.

2 Das Eiweiß als Bindemittel und die Gewürze dazugeben und gründlich vermengen.

3 Die Rohmasse abschmecken und mithilfe von Fleischwolf und Füllaufsatz locker in Hammelsaitlinge füllen.

4 Alle 15 Zentimeter die Würste durch mehrmaliges Drehen der Saitlingsdärme portionieren. Die Därme dürfen nicht abgebunden werden, damit sie später beim Braten nicht platzen.

VIELSEITIG

Kalbfleisch ist gut geeignet für vielerlei Wurstarten wie Leberwürste, Bratwürste und Kochwürste. Der Fettgehalt lässt sich bei ihnen gut steuern, indem man zusätzlich fettes oder fettarmes Fleisch untermischt.

Zu den Kalbsbratwürsten servieren Sie am besten Sauerkraut und Bratkartoffeln.

DIÄTKALBFLEISCHWURST

1,2 kg mageres Kalbfleisch	
900 g mageres Rindfleisch	
900 g Schweineschulter	
1 Knoblauchzehe	
45 g Salz	
4,5 g gemahlener weißer Pfeffer	
3 g Rosenpaprika	

Zubereitung

1 Das Kalbfleisch und das Rindfleisch durch die feine Scheibe des Fleischwolfes drehen.

2 Die Schweineschulter durch die mittlere Scheibe des Fleischwolfes drehen.

3 Die geschälte Knoblauchzehe durch eine Knoblauchpresse drücken.

4 Die Knoblauchzehe zusammen mit den Gewürzen zur Wurstrohmasse geben und alles zu einer homogenen Masse durchkneten.

5 Die Wurstrohmasse abschmecken und mithilfe des Fleischwolfes und des Füllaufsatzes fest in mittlere Därme stopfen.

6 Die Würste anschließend bei 75 bis 80 °C eine Stunde garen.

ANREICHERUNG
Kalbfleisch kann gut mit anderen Fleischsorten gemischt werden. Von der Zugabe weiterer Fleischarten hängt es ab, ob Kalbswurst noch zur Diät geeignet ist.

DIÄTKALBSLEBERWURST

1,6 kg mageres Kalbfleisch	
600 g durchwachsener Speck	
800 g Schweineleber	
30 g Salz	
4,5 g gemahlener weißer Pfeffer	
3 g Paprika, edelsüß	
1,2 g Kardamom	

Zubereitung

1 Das Kalbfleisch und den durchwachsenen Speck etwa 1 Stunde kochen.

2 Das Kalbfleisch und den Speck anschließend durch die feine Scheibe des Fleischwolfes drehen.

3 Die Leber überbrühen, abhäuten und garen.

4 Die Leber durch die feine Scheibe des Fleischwolfes drehen und zur übrigen Wurstmasse geben.

5 Die Gewürze hinzufügen und die Wurstmasse gründlich mit ihnen vermischen, abschmecken.

6 Die fertige Wurstrohmasse mithilfe des Fleischwolfes und des Füllaufsatzes in Därme mittlerer Größe einfüllen.

7 Danach die Kalbsleberwürste 10 Minuten bei 75 °C brühen, in kaltem Wasser abschrecken und über Nacht trocknen lassen.

KALBSWÜRSTCHEN

2,25 kg Kalbfleisch	
750 g Schweinerückenfett ohne Schwarte	
300 ml Fleischbrühe (Fertigbrühe)	
30 g Semmelmehl	
3 Eigelb	
66 g Salz	
6 g gemahlener weißer Pfeffer	
1,5 g Majoran	
1 1/2 TL Arrak	

Zubereitung

1 Das Kalbfleisch durch die feine Scheibe des Fleischwolfes drehen.

2 Das Schweinerückenfett ebenfalls durch die feine Scheibe des Fleischwolfes drehen.

3 Die Fleischbrühe aus Fertigbrühe zubereiten.

4 Die Fleischbrühe mit dem Semmelmehl, den Eigelben, den Gewürzen und dem Arrak verrühren, unter die Rohmasse geben und sorgfältig verrühren.

5 Die Rohmasse abschmecken, mithilfe des Fleischwolfes und des Füllaufsatzes in dünne Kalbs- oder Schweinedärme geben.

6 In sechs Zentimeter lange Würstchen abdrehen.

7 Die Würste 10 Minuten lang in kochendem Wasser ziehen und danach abtrocknen lassen.

GERÄUCHERTE KALBSKEULE

150 g Nitritpökelsalz	
40 g Zucker	
1 Kalbskeule	
250 ml schwach gesalzene Rinderbrühe	
3 Wacholderbeeren	

Zubereitung

1 Die Pökelmischung aus Nitritsalz und Zucker mischen und damit die Kalbskeule gleichmäßig, insbesondere an den Knochen, einreiben und in ein Pökelgefäß legen.

2 Das Fleisch mit der Rinderbrühe übergießen und die Wacholderbeeren hinzugeben.

3 An einen kühlen Ort stellen und die Keule täglich wenden, damit die Pökelmischung gleichmäßig einziehen kann.

4 Nach einer Woche aus der Lake nehmen und abtrocknen.

5 Anschließend die gepökelte Kalbskeule zehn Tage kalträuchern.

RÄUCHERN

Kalbfleisch kann auch sehr gut geräuchert werden – aber nur eine ganze Keule trocknet nicht zu sehr dabei aus.

Schlachten und Wursten von Schafen & Lämmern

Über das Schlachten von Tieren mit individuellem Geschmack.

Vorbereitende Maßnahmen

● Da Schafe, sobald das Fell abgezogen ist, handlich und nicht zu schwer sind, können sie von einer Person geschlachtet und verarbeitet werden. Trotzdem empfiehlt es sich, für Hilfe zu sorgen. Die Arbeit wird dadurch nicht nur unterhaltsamer, sondern man kann beim Abziehen ein Paar zusätzliche Hände gebrauchen, denn das Fell darf nicht mit dem Fleisch in Berührung kommen.

● Stimmen Sie den Schlachttermin rechtzeitig mit Ihrem Schlachter ab und melden Sie die Schlachtung zur Schlachttieruntersuchung an. Auch Schafe dürfen nur geschlachtet werden, wenn sie tierärztlich untersucht und für den Verzehr freigegeben worden sind. Wollen Sie selbst schlachten, müssen Sie im Besitz einer gültigen Sachkundebescheinigung sein.

● Das Schaf sollte am Tag vor der Schlachtung nur mit flüssiger Nahrung gefüttert werden, damit sich das Tier nach dem Schlachten besser ausweiden lässt und die Därme leichter gereinigt werden können. Außerdem gelangen dadurch weniger Fäulnis erregende Bakterien über den Magen-Darm-Trakt in das Fleisch.

● Achten Sie am Schlachtplatz und im Verarbeitungsraum auf peinliche Sauberkeit. Schädliche Bakterien, Keime, Pilze und Insekten siedeln sich mit Vorliebe an schattigen, feuchtwarmen Plätzen an.

● Sorgen Sie dafür, dass alle Geräte funktionsfähig sowie sauber bereitliegen und dass ausreichend heißes Wasser zum Händewaschen und Handtücher zum Abtrocknen vorhanden sind.

● Da das Schaf bereits nach zwei Tagen Abhängen verarbeitet werden kann, sollten Sie vor dem Schlachten alle Zutaten überprüfen und gegebenenfalls ergänzen. Verwenden Sie nur frische Gewürze. Die Reste aus dem Vorjahr könnten bereits an Würzkraft verloren haben.

● Die Gefriertruhe oder der Gefrierschrank sollten rechtzeitig geleert, abgetaut, gereinigt und wieder vorgefroren werden. Das Schaffleisch muss nach dem Zerlegen so schnell wie möglich eingefroren oder anderweitig verarbeitet werden.

HILFE
Im Unterschied zu Rindern, Kälbern und Schweinen können kleine Tiere wie Schafe und Ziegen von einer Person geschlachtet werden. Ein Helfer kann trotzdem nicht schaden.

Schlachten

Am Schlachttag wird das Schaf ruhig und ohne beim Tier Stress zu erzeugen zum Schlachtplatz geführt. Ein Helfer sollte es an einem Strick um den Hals ruhig halten.

Betäuben des Schlachttieres

Der Bolzenschussapparat wird mit einer grünen Patrone geladen und in der Mitte zwischen den Ohren auf dem Kopf angesetzt. Der Bolzen dringt in das Großhirn ein und betäubt das Schaf sofort.

Ausbluten

Oberhalb des Kehlkopfes werden mit einem Halsstich die beiden Halsschlagadern gleichzeitig geöffnet. Sie können auch den Hals bis auf die Knochen durchtrennen und das Tier so ausbluten lassen. Nach dem Ausbluten werden Kopf und Füße abgetrennt. Dann werden die Hinterbeine freigeschnitten und das Schaf mit Hilfe von Fleischerhaken aufgehängt. Die Hinterbeine müssen dabei gespreizt sein.

Während der Körper vollständig ausblutet, wird der Kopf versorgt. Die Haut bzw. das Fell wird abgezogen. Dazu wird die Haut unter dem Unterkiefer aufgeschnitten und abgelöst. Die Augen werden ausgeschnitten, die Zunge wird gelöst. Der Kopf wird zur Fleischuntersuchung bereitgelegt.

Abhäuten

Das Fell wird an den Hinterbeinen und vom After bis zum Hals aufgeschnitten und von der Bauchseite in Richtung Rücken nach einer Seite hin abgehäutet. Man hält das Fell mit einer Hand stramm und klopft es mit der anderen Faust vom Fleisch ab bzw. drückt es vom Fleisch weg. Die Keule wird ebenfalls so abgehäutet. Danach folgt die andere Seite. Als Nächstes wird der Schwanz freigelegt und herausgezogen oder abgeschnitten. Das Fell wird langsam und vorsichtig von oben nach unten vom Fleisch gezogen. Hängt es irgendwo fest, wird es vorsichtig mit dem Messer gelöst. Ist man bei der Schulter angekommen, werden zunächst die Vorderfüße und danach der Hals abgezogen.

QUALITÄT

Auch Lämmer und Ziegen sind einer Fleischuntersuchung zu unterziehen. Diese Vorsichtsmaßnahme hält die Gesundheitsstandards hoch und sichert die Qualität des Fleisches.

Ausweiden

Bei jungen Tieren wird der Schlossknochen nicht aufgetrennt. Der Mastdarm wird von außen geöffnet. Bei älteren Tieren kann der Schlossknochen durchtrennt werden. Anschließend wird die Bauchdecke vom Becken bis zur Brust vorsichtig von innen aufgeschnitten. Man nimmt dazu das Messer mit der Schneide nach oben zwischen die Finger und schneidet die Bauchdecke auf, während die Finger die Därme vom Messer wegdrücken. Nun wird der Mastdarm durch das Becken gezogen und zusammen mit den anderen Därmen von der Bauchhöhle gelöst und herausgenommen. Dazu wird der Schlund oberhalb des Magens abgetrennt. Als Nächstes werden die Zunge, die Luftröhre und der Schlund losgetrennt. Das Zwerchfell wird aufgeschnitten und das Herz und die Lunge gelöst. Nun wird die Zunge mit Schlund und Luftröhre in den Brustkorb gezogen und zusammen mit Herz, Lunge und Leber, ohne den Brustkorb zu öffnen, herausgezogen. Das Herz und der Schlund werden aufgeschnitten und gewaschen. Der ausgenommene Körper, besonders der Brustkorb, wird ebenfalls abgespült.

Ohne das Schaf weiter zu zerlegen, wird es zusammen mit den anderen Teilen in einem kühlen Raum zur Fleischuntersuchung bereitgelegt.

Verwertung der Innereien

Von den Därmen einschließlich Magen wird nur der so genannte Dünndarm (Saitling) verwendet. Er wird als Wursthülle für dünne Würste, z. B. Wiener Würstchen, verarbeitet. Dazu muss der Dünndarm ausgestrichen, vom Darmfett gelöst und ähnlich wie beim Schwein mithilfe eines Schabers oder eines Löffels von der Schleimhaut befreit werden. Danach wird der Darm gewendet, gereinigt und konserviert (siehe Behandlung von Schweinedärmen, Seite 42).

Die Nieren können zur Nierensuppe verarbeitet werden.

Die anderen Innereien finden in der Regel in der Küche keine Verwendung; Leber und Hirn gelten in manchen Regionalküchen (z. B. in Frankreich) jedoch als besondere Delikatesse.

DÄRME
Schafdärme eignen sich gut zur Wurstbereitung, weil sie sehr fein sind. In Schafdarm oder Saitling stecken beispielsweise die Wiener Würstchen.

119

Das Zerlegen (Hauen) des Schlachtkörpers

Das Schaf wird im Wesentlichen wie ein Kalb zerlegt. Der Schlachtkörper des Lammes oder des Schafes wird nach der Fleischuntersuchung der Länge nach gespalten. Dazu wird der Schwanz abgetrennt und das Fleisch entlang des Rückens, am Bauch und im Lendenbereich eingeschnitten. Dann wird der Körper vom After bis zum Hals in zwei Teile gehauen. Allerdings wird es gewöhnlich nicht entbeint, sondern mit Knochen verarbeitet. Die dicken Teile wie Bug und Keule können auch ausgebeint werden.

Hauptfleischteile im Überblick

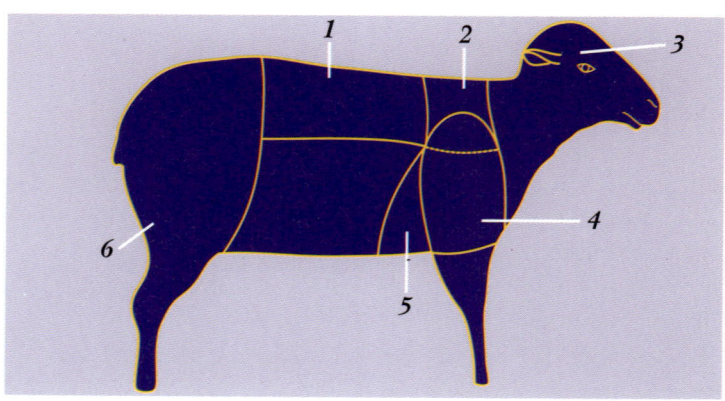

1 Rücken
2 Kamm
3 Kopf
4 Bug (Schulter) mit
Vorderhaxe
5 Brust
6 Keule mit Hinter-
haxe

Zerteilen der Schaf- oder Lammhälften

Anschließend werden die beiden Hälften in Vorder- und Hinterviertel zerlegt, indem sie zwischen der siebten und achten Rippe durchgetrennt werden. Die Viertel werden nochmals gewaschen und dann in weitere, nun schon kochfertige, Stücke zerlegt.

Die beiden Keulen werden ausgelöst und die beiden Schultern (Bug) von den Vordervierteln getrennt. Sie sind die fleischreichsten Teile des Tieres.

Der Rücken wird im allgemeinen als Ganzes belassen. Es können aber auch die Kotellets abgetrennt werden.

Brust, Kamm und Hals sind ebenfalls für den späteren Einsatz in der Küche geeignet. Die Dünnung (Bauch) besteht aus dünnen Bauchlappen.

Verwendung in der Küche

Von Schafen und Lämmern können einige Teile ausgezeichnet zum Kochen oder Braten verwendet werden. Besonders das Fleisch junger Tiere ist sehr schmackhaft. Als Delikatesse gelten Milchlämmer. Sie werden gewöhnlich bis zu einem Alter von sechs Monaten geschlachtet. Ihr Fleisch hat ein sehr mildes Aroma und eine feine Struktur. Das Fleisch älterer Tiere sollte sehr heiß gegessen werden, da das Fett schnell fest wird. In der deutschen Küche ist Hammelfleisch, d. h. das Fleisch von älteren Tieren, nicht unbedingt weit verbreitet. In der Balkanküche, in Griechenland, der Türkei und den arabischen Ländern ist das ganz anders. In diesen Regionalküchen kann man sich gute Rezeptanregungen besorgen.

● Keulen – Sie werden als Erstes herausgetrennt. Keulen sind ausgezeichnet im Ganzen als Braten geeignet. Scheiben aus der Keule können gebraten oder mit Kräutern nach Ihrem Geschmack gedünstet werden. Bevorzugen Sie Schnitzelfleisch, müssen Sie die Knochen herauslösen und die Keulen zum Braten in Scheiben oder zum Dünsten in Würfel schneiden.

● Bug – Die beiden Bugteile werden von der Wanne (Rücken und Dünnung) abgetrennt. Sie werden meistens quer im Schultergelenk durchgeschnitten und ergeben zwei Bratenstücke. Sie können den Bug auch ausbeinen und das Fleisch zu Ragout und Gulasch schneiden oder als Rollbraten verwenden.

● Rücken – Der Rücken mit den beiden Kotelett- und Lendensträngen bleibt gewöhnlich als ein Stück zusammen. Er kann zu Kotelett zerteilt oder als Braten aufgeschnitten werden. Vom Rücken und dem Kamm werden die Brust und die Dünnung abgetrennt.

● Brust – Der Brustknorpel und die Rippen werden herausgelöst. Die ausgebeinte Brust kann zu Fleischrollen verarbeitet werden.

● Kamm mit Hals – Zusammen mit den Knochen sind diese Teile als Suppenfleisch geeignet. Ausgebeint können sie zu Ragout oder Gulasch geschnitten werden.

SAFTIG UND ZART
Keulen, Bug und Rücken sind die wertvollsten Stücke des Schafs. Besonders die Keulen sind sehr saftig, wenn sie innen

Wursten

Mit anderem Fleisch gemischt eignet sich Hammelfleisch gut zum Wursten.

HAMMELSALAMI

PIKANT

Hammelfleisch ist in der Küche nicht besonders beliebt, weil es zäh sein kann und einen strengeren Geschmack hat. Es gibt aber eine würzige Wurst ab.

1,2 kg Hammelfleisch von der Keule	
800 g Schweineschulter	
800 g entschwarteter Rückenspeck vom Schwein	
84 g Nitritpökelsalz	
9 g gemahlener weißer Pfeffer	
3 g Koriander	
6 g Zucker	
4,5 g grob gestoßene Wacholderbeeren	

Zubereitung

1 Das Fleisch und den Speck kühl (um 0 °C) verarbeiten.

2 Das Hammelfleisch und die Schweineschulter durch die feine, den Speck durch die mittlere Scheibe des Fleischwolfes drehen.

3 Die Gewürze zur Fleischmasse geben, vermischen und gut durchkneten.

4 Die Wurstrohmasse abschmecken und mithilfe des Fleischwolfes und des Füllaufsatzes fest in Schafsaitlinge stopfen.

5 15 bis 20 Zentimeter lange Würste abbinden. Drei Wochen in einem zugfreien, kühlen, trockenen Raum zum Durchröten und Reifen hängen lassen und danach drei bis fünf Tage kalträuchern.

HAMMELWÜRSTCHEN

2,25 kg Hammelfleisch	
750 g durchwachsener Schweinespeck	
1 kleine Zwiebel	
300 ml Fleischbrühe (Fertigbrühe)	
30 g Semmelmehl	
3 Eigelb	
72 g Salz	
6 g gemahlener weißer Pfeffer	
1,5 g Majoran	

Zubereitung

1 Das Hammelfleisch sorgfältig vom Fett befreien.

2 Zusammen mit dem Schweinespeck und der Zwiebel einmal durch die mittlere und einmal durch die feine Scheibe des Fleischwolfes drehen.

3 Die Fleischbrühe nach Vorschrift ansetzen.

4 Das Semmelmehl unterrühren und zusammen mit den Eigelben und den Gewürzen mit der Fleischmasse vermischen und abschmecken.

5 Die Wurstrohmasse in lange dünne Schweine- oder Schafdärme füllen, in jeweils fünf Zentimeter lange Würstchen abdrehen.

6 Die Hammelwürstchen 10 Minuten lang in 80 bis 85 °C heißem Wasser gar ziehen und anschließend trocknen lassen.

Gepökelte Hammelkeule

1 Hammelkeule
150 g Nitritpökelsalz
15 g Zucker
250 ml schwach gesalzene Rinderbrühe
3 Wacholderbeeren

Zubereitung

1 Die Hammelkeule mit der Pökelmischung aus Nitritpökelsalz und Zucker gleichmäßig an allen Seiten einreiben. Anschließend die Hammelkeule in ein Pökelgefäß legen.

2 Mit der Fleischbrühe übergießen und zuletzt die Wacholderbeeren hinzugeben.

3 An einen kühlen Ort stellen und täglich wenden.

4 Nach einer Woche aus der Lake nehmen und abtrocknen.

Tipp

Lieben Sie Rauchgeschmack, können Sie die Hammelkeule zehn Tage lang kalträuchern.

DELIKAT
Hammelkeule kann gebraten oder gepökelt werden. Gepökelte und anschließend geräucherte Hammelkeule bekommt man nur selten im Laden zu kaufen. Eine echte Besonderheit!

Gepökelte Hammelkeule ist eine kulinarische und optische Augenweide bei jedem Festmahl.

Schlachten und Wursten von Ziegen

Früher galt die Ziege als »Kuh« des armen Mannes. Heute wird vor allem das Fleisch junger Tiere wieder sehr geschätzt.

Vorbereitende Maßnahmen

● Ziegen können problemlos von einer Person geschlachtet und verarbeitet werden. Trotzdem empfiehlt es sich, beim Abziehen des Fells einen Helfer zu haben, denn das Fell darf auf keinen Fall das Fleisch verunreinigen.

● Stimmen Sie den Schlachttermin rechtzeitig mit Ihrem Schlachter ab und melden Sie die Schlachtung beim Tierarzt an. Auch Ziegen müssen vor einer Hausschlachtung tierärztlich untersucht werden. Wollen Sie selbst schlachten, müssen Sie im Besitz einer gültigen Sachkundebescheinigung sein.

● Die Ziege sollte am Tag vor der Schlachtung nur mit flüssiger Nahrung gefüttert werden, damit das Tier leichter ausgeweidet werden kann. Außerdem verringert sich dadurch die Gefahr, dass über die Nahrung Fäulnis erregende Bakterien ins Fleisch gelangen.

● Achten Sie am Schlachtplatz und im Verarbeitungsraum auf peinliche Sauberkeit. Schädliche Bakterien, Keime, Pilze und Insekten siedeln sich mit Vorliebe an schattigen, feuchtwarmen Plätzen an.

● Überprüfen Sie alle Geräte auf Funktionsfähigkeit und Sauberkeit und stellen Sie ausreichend Wasser zum Händewaschen und Handtücher zum Abtrocknen bereit.

● Ziegenfleisch benötigt nur zwei Tage zum Reifen. Überprüfen Sie deshalb vor dem Schlachten die Zutaten und ergänzen Sie sie gegebenenfalls. Verwenden Sie nur frische Gewürze. Die Reste aus dem Jahr zuvor könnten bereits an Würzkraft verloren haben.

● Denken Sie daran, die Gefriertruhe oder den Gefrierschrank zu leeren, abzutauen, zu reinigen und wieder vorzufrieren. Ziegenfleisch muss nach dem Zerlegen sofort eingefroren werden.

HYGIENE
Schlachtplatz und Verarbeitungsraum sowie alle Geräte müssen sauber sein, sonst lassen Bakterien und Keime das Fleisch rasch verderben.

Schlachten

Am Schlachttag wird die Ziege ohne beim Tier Stress zu erzeugen zum Schlachtplatz geführt. Ein Helfer hält das Tier mit einem Strick am Hals ruhig.

Betäuben des Schlachttieres

Die Ziege wird mit einem Bolzenschussapparat betäubt. Der Apparat wird mit einer grünen Patrone geladen und in der Mitte zwischen den Ohren auf dem Kopf angesetzt und ausgelöst. Das Tier stürzt sofort betäubt zu Boden.

Ausbluten

Oberhalb des Kehlkopfes werden die beiden Halsschlagadern mit einem Halsstich durchtrennt. Das Messer bleibt im Hals stecken, damit das Blut daran ablaufen kann und das Fell nicht verschmiert. Sie können den Hals auch bis auf die Knochen durchtrennen und das Tier so ausbluten lassen. Nachdem der Schlachtkörper ausgeblutet ist, werden der Kopf und die Füße abgetrennt. Anschließend werden die Hinterbeine freigeschnitten, und die Ziege wird mithilfe von Fleischerhaken mit gespreizten Hinterbeinen aufgehängt.

Während der Körper vollständig ausblutet, wird der Kopf versorgt. Die Haut bzw. das Fell wird abgezogen. Dazu wird die Haut unter dem Unterkiefer aufgetrennt und abgelöst. Die Augen werden ausgeschnitten, die Zunge gelöst und zusammen mit den übrigen Fleischteilen zur Fleischuntersuchung bereitgelegt.

Abhäuten

UNTERSTÜTZUNG
Zum Abhäuten des Tieres ist die Mithilfe einer zweiten Person sehr nützlich, weil das Fell dann nicht so leicht mit dem Fleisch in Berührung kommt.

Das Fell wird an den Hinterbeinen und vom After bis zum Hals aufgeschnitten und von der Bauchseite aus in Richtung Rücken nach einer Seite hin abgehäutet. Ist kein Helfer verfügbar, wird das Fell mit einer Hand strammgezogen und mit der anderen, zur Faust geballten Hand, vom Fleisch geklopft oder weggedrückt. Die Keule wird auf die gleiche Weise abgehäutet. Danach folgt die andere Seite. Sie wird genau wie die erste Seite abgehäutet. Als Nächstes wird der Schwanz freigelegt und herausgezogen oder abgeschnitten. Das Fell wird jetzt langsam und vorsichtig von oben nach unten abgezogen. Hängt es irgendwo zu fest am Fleisch, wird es mit dem Messer gelöst. Bei den Schultern angekommen, werden zunächst die Vorderfüße und danach der Hals abgezogen.

Geschmacksfrage

Bei der Verwertung von Ziegen sollten Sie darauf achten, dass nicht zu alte Tiere geschlachtet werden, da ihr Fleisch für den mitteleuropäischen Gaumen zu streng schmeckt. In Griechenland oder der Türkei beispielsweise ist das anders. Dort findet man Ziegenfleisch viel öfter auf der Speisekarte, und auch das Fleisch älterer Tiere wird geschätzt.

Ausweiden

Bei jungen Tieren wird der Schlossknochen nicht aufgetrennt. Der Mastdarm wird von außen geöffnet. Bei älteren Tieren kann auch der Schlossknochen geöffnet werden.
Anschließend wird die Bauchdecke vom Becken bis zur Brust vorsichtig von innen aufgeschnitten. Man nimmt das Messer mit der Schneide nach oben zwischen die Finger und schneidet die Bauchdecke auf, während die Finger die Därme vom Messer wegdrücken. Nun wird der Mastdarm durch das Becken gezogen und zusammen mit den anderen Därmen von der Bauchhöhle gelöst und herausgenommen.
Der Schlund wird eine Handbreit oberhalb des Magens abgetrennt. Als Nächstes werden die Zunge, die Luftröhre und der Schlund losgetrennt. Das Zwerchfell wird aufgeschnitten, das Herz und die Lunge werden gelöst. Danach wird die Zunge mit Schlund und Luftröhre in den Brustkorb gezogen und zusammen mit Herz, Lunge und Leber, ohne den Brustkorb zu öffnen, herausgenommen. Das Herz und der Schlund werden aufgeschnitten und gewaschen. Der ausgenommene Körper, besonders der Brustkorb, wird ebenfalls abgespült.

Ohne den Schlachtkörper weiter zu zerteilen, wird er mit den abgeschnittenen und ausgenommenen Teilen in einem kühlen Raum zur Fleischschau bereitgelegt.

Verwertung der Innereien

Ziegeninnereien finden in der Küche keine Verwendung und werden deshalb nicht verwertet.

TIERKÖRPER
Ziegen werden wie Schafe und Lämmer ausgeweidet und anschließend der Fleischuntersuchung unterzogen. Erst nachher werden die Tierkörper weiter zerlegt.

Das Zerlegen (Hauen) des Schlachtkörpers

Erst nach abgeschlossener Fleischuntersuchung werden Ziegen und Kitze in weitere Teile zerlegt. Die Vorgehensweise ist dabei genauso wie bei Lämmern und Schafen.

Der Schlachtkörper wird der Länge nach gespalten. Dazu wird der Schwanz abgetrennt und das Fleisch entlang des Rückens, am Bauch und im Lendenbereich eingeschnitten. Dann wird der Schlachtkörper vom After bis zum Hals in zwei Teile gehauen.

Hauptfleischteile im Überblick

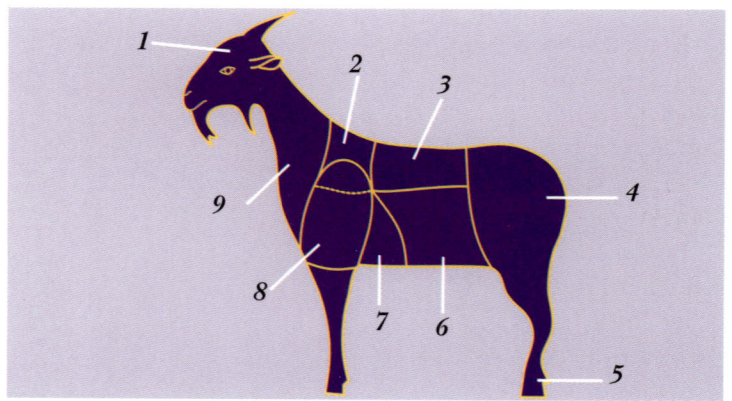

1 Kopf
2 Kamm
3 Rücken mit Lenden-
und Kotelettteil
4 Keule
5 Fuß
6 Dünnung/Bauch
7 Brust
8 Bug
9 Hals

Zerteilen der Ziegenhälften

Anschließend werden die beiden Hälften in Vorder- und Hinterviertel zerlegt, indem sie zwischen der siebten und achten Rippe durchtrennt werden. Die Viertel werden nochmals gewaschen und dann in weitere, nun schon kochfertige Stücke zerlegt.

Die Hauptfleischteile der Ziege entsprechen denen von Lämmern und Schafen.

Die beiden Keulen werden aus dem Hinterviertel gelöst und die beiden Schultern (Bug) von den Vordervierteln getrennt.

Der Rücken mit Linde und Kotelettteil wird meistens in einem Stück belassen.

Hals, Brust und Kamm sind ebenfalls für den späteren Einsatz in der Küche geeignet.

Verwendung in der Küche

Ziegenfleisch galt in früheren Zeiten als ein Essen für arme Leute. Vor allem die Generation, die den Krieg noch erlebt hat, steht ihm oft sehr skeptisch gegenüber, weil sie viele unangenehme Erinnerungen damit verbindet. Geruch und Geschmack des Fleisches können auch etwas streng sein. Besonders das Fleisch junger Kitze wird aber heute wieder zunehmend als Delikatesse entdeckt und auch in der feinen Küche geschätzt. Ziegenfleisch ist zudem vielseitiger in der Küche zu verwenden als man glaubt. Es eignet sich hervorragend zum Braten, Dünsten oder als Suppenfleisch.

● Keulen – Sie werden als Erstes herausgetrennt. Bei jungen Tieren und Kitzen sind sie als Braten gut geeignet, bei älteren Tieren werden sie beim Dünsten zarter. Bevorzugen Sie Schnitzelfleisch, müssen Sie die Knochen herauslösen und die Keulen in Scheiben schneiden oder das Fleisch würfeln und zum Dünsten verwenden.

● Bug – Die beiden Bugteile werden von der Wanne (Rücken und Dünnung) abgetrennt. Sie werden meistens quer im Schultergelenk durchgeschnitten. So geteilt ergeben sie zwei Bratenstücke.
Sie können den Bug auch ausbeinen und das Fleisch zu Ragout oder Gulasch klein schneiden oder als Rollbraten mit und ohne Füllung verwenden.

● Rücken – Der Rücken mit den beiden Kotelett- und Lendensträngen bleibt gewöhnlich als ein Stück zusammen. Er kann weiter zu Kotelett zerteilt oder als Braten aufgeschnitten werden.
Vom Rücken und dem Kamm werden die Brust und die Dünnung abgetrennt.

● Brust – Der Brustknorpel und die Rippen werden herausgelöst. Die ausgebeinte Brust kann zu Fleischrollen verarbeitet werden.

● Kamm mit Hals – Zusammen mit den Knochen sind Kamm und Hals als Suppenfleisch geeignet. Wenn man sie vorher ausbeint, können diese beiden Fleischteile zu Ragout oder Gulasch geschnitten werden oder in Eintöpfen Verwendung finden.

SAFTIG
Der Rücken wird im Stück gebraten oder in Koteletts zerteilt. Das Fleisch des Rückens kann leicht trocken werden. Braten Sie es deshalb punktgenau, bis es zartrosa ist.

Wursten

Fleisch von älteren Ziegen eignet sich nicht mehr zum Braten, weil es auch nach langer Garzeit zäh und hart bleibt. Es ist aber gut geeignet zur Herstellung von Salami und haltbaren Dauerwürsten.

Reines Ziegenfleisch wird jedoch kaum zum Wursten verwendet. Ideal ist es, wenn das etwas streng schmeckende und riechende Ziegenfleisch mit einem Anteil einer anderen Fleischsorte wie Rind oder Schwein gemischt wird. Auch eine pikante Würzung ist wichtig.

SALAMI AUS ZIEGENFLEISCH

2 kg Ziegenfleisch
1 kg Rindfleisch
1 1/2 Knoblauchzehen
4,5 g Zucker
4,5 g gemahlener weißer und
3 g gemahlener schwarzer Pfeffer
3 g Oregano
6 Wacholderbeeren
3 g Paprika, edelsüß
72 g Nitritpökelsalz

Zubereitung

1 Das Fleisch wird in sehr kaltem Zustand, am besten etwas angefroren, durch die mittlere Scheibe des Fleischwolfes gedreht.

2 Der Knoblauch wird durch eine Knoblauchpresse gedrückt.

3 Den Knoblauch mit dem Zucker, Pfeffer, Oregano, den Wacholderbeeren und dem Paprika zur Fleischmasse geben.

4 Das Nitritpökelsalz untergeben, alles gut vermischen und durchkneten.

5 Die Wurstrohmasse abschmecken. Mithilfe des Füllaufsatzes fest in Schweinedünndärme oder kleinkalibrige Kunstdärme stopfen und in 20 bis 25 Zentimeter lange Würste abbinden.

6 Danach fünf Tage in einem kühlen Raum durchröten und reifen lassen.

7 Anschließend etwa eine Woche lang kalträuchern.

Tipp

Verarbeiten Sie das Fleisch nur sehr kalt, da es bei Zimmertemperatur bereits sehr schmierig ist. Sie können die Fleischmasse auch während der Verarbeitung immer wieder kühlen.

KALT
Das Fleisch lässt sich sehr kalt am besten verarbeiten. Achten Sie aber darauf, dass es nicht zu sehr anfriert, damit der Fleischwolf nicht beschädigt wird.

ZIEGENMETTWURST

2,25 kg Ziegenfleisch
750 g durchwachsenes Schweine-fleisch
1 mittelgroße Zwiebel
1¹/₂ Knoblauchzehen
75 g Nitritpökelsalz
4,5 g Zucker
7,5 g gemahlener weißer Pfeffer
3 g Paprika, edelsüß
3 g gemahlenes Piment
4,5 g Kümmel
1 cl Rum

Zubereitung

1 Das Fleisch in Streifen schneiden, leicht anfrieren.
2 Zusammen mit der Zwiebel durch die grobe Scheibe des Fleischwolfes drehen.
3 Die geschälten Knoblauchzehen durch eine Knoblauchpresse drücken.
4 Die Zwiebel, den Knoblauch und alle anderen Zutaten mit der Fleischmasse gründlich vermengen.
5 Abschmecken und die Wurstrohmasse mit dem Füllaufsatz fest in mittlere Schweinedärme oder Kunstdärme stopfen.
6 Würste von 25 Zentimeter Länge abbinden.
7 Die Würste anschließend zwei Tage umröten und reifen lassen. Danach werden sie ein bis zwei Wochen kaltgeräuchert.

ABSCHMECKEN

Ziegenmettwurst wird wie Rind- oder Schweinemettwurst zubereitet und mit Gewürzen und etwas Rum verfeinert.

Ziegenmettwurst bekommt eine besonders feine Note durch die Zugabe von etwas Rum.

Schlachten und Wursten von Kaninchen

Früher stand in fast jedem Garten ein Kaninchenstall, der auch ärmeren Bevölkerungsschichten zu Fleischgenuss verhalf.

Vorbereitende Maßnahmen

Kaninchen sind die Tiere, die schon immer auch von Nicht-landwirten gehalten und geschlachtet wurden. Es ist noch keine Generation her, da besaß fast jeder, der einen Garten oder einen kleinen Hof hatte, einen Kaninchenstall, und es war ganz selbstverständlich und normal, dass man die Tiere selbst schlachtete. Heute ist das nicht mehr so einfach. Zwar ist die Haltung von Kaninchen noch ohne weitere Auflagen erlaubt, das Selbstschlachten jedoch nicht mehr. Es ist wie bei allen anderen Schlachttieren auch vom Gesetzgeber geregelt.

- Nach der Tierschutzschlacht-Verordnung vom 3. März 1997 benötigen Sie auch zum Schlachten von Kaninchen eine Sachkundebescheinigung. Schlachten Sie, ohne im Besitz dieser Bescheinigung zu sein, begehen Sie eine Ordnungswidrigkeit.
- Vergessen Sie auch nicht, das Schlachten beim Amtstierarzt anzumelden. Nach dem Fleischhygienegesetz müssen auch Kaninchen einer Fleischuntersuchung unterzogen werden.
- Auf die Untersuchungen »kann« verzichtet werden, wenn es keine Merkmale gibt, die das Fleisch für den Verzehr bedenklich erscheinen lassen und das Fleisch zum eigenen Verbrauch bestimmt ist.
- Bedenken Sie: Wenn Sie unerlaubt schlachten, machen Sie sich strafbar.

Schlachten

Nach der Tierschutzschlacht-Verordnung müssen Kaninchen wie alle anderen Schlachttiere auch vor dem Schlachten betäubt werden.

Betäuben

Bei Hausschlachtungen geschieht das mit einem Kopf- oder einem Genickschlag. Man verwendet dazu einen Holzschlegel und hält das Kaninchen dabei an beiden Ohren fest.

WICHTIG
Auch Kaninchen dürfen heute nicht mehr ohne gültige Sachkundebescheinigung geschlachtet werden, sonst machen Sie sich strafbar.

Ausbluten

Zum Ausbluten wird dem Kaninchen die Halsschlagader durchtrennt. Das Blut muss dabei nicht aufgefangen werden, da es nicht in der Küche verwertet wird. Anschließend wird der Schlachtkörper mit einem Band an den Hinterläufen aufgehängt.

Wenn Sie nur gelegentlich ein Kaninchen schlachten, ist eine Leiter zum Aufhängen und Ausnehmen gut geeignet. Schlachten Sie allerdings häufiger, empfiehlt es sich, zu diesem Zweck zwei Ringe in einen Dachsparren zu drehen. Sie können dann bequemer arbeiten.

Abziehen

LEITER
Zum Ausbluten wird das Tier an einer Leiter oder an zwei Ringen in einem Dachsparren aufgehängt.

Sowie das Kaninchen ausgeblutet ist, schneiden Sie das Fell um die Sprunggelenke ein und führen den Schnitt an der Innenseite der linken Keule bis zum After. Das Gleiche tun Sie mit der rechten Keule.

Nun lösen Sie mit dem Messer das Fell am Sprunggelenk, bis Sie es mit der Hand fassen können und ziehen es erst von der einen, dann von der anderen Keule.

Als Nächstes wird der Schwanz abgetrennt und das Fell langsam und stetig bis zu den Vorderläufen abgezogen. Mit etwas Sorgfalt und Übung gelingt es Ihnen, ohne dabei Fleisch mit loszureißen. Sollte es Ihnen trotzdem einmal passieren, dass das Fleisch am Fell hängen bleibt, dann trennen Sie das Fleisch mit dem Messer vom Fell ab und arbeiten wie beschrieben weiter.

Die Vorderläufe ziehen Sie wie die Keulen ab. Die Füße werden dabei am Gelenk abgeschnitten.

Zuletzt wird der Kopf abgezogen. Hierzu wird ein Messer benutzt. Die Ohrmuscheln und die Augen werden dabei ausgelöst.

Ausnehmen

Vom After bis zur Brust wird der Bauch aufgeschnitten. Der Darm wird am After gelöst und die Eingeweide werden herausgenommen. Anschließend wird der Brustkorb ausgeweidet. Herz und Schlund werden aufgeschnitten und gespült. Zum Schluss werden Bauch und Brustkorb gewaschen.

Verwendung in der Küche

Kaninchenfleisch gehört zu den fettärmsten Fleischarten. Es hat einen sehr hohen Eiweißgehalt und ist zudem sehr leicht verdaulich. Bevor Kaninchenfleisch verarbeitet wird, sollte es drei Tage im Kühlen reifen (abhängen).

Das Kaninchen kann im Ganzen als Braten zubereitet werden. Dazu werden nur die beiden Bauchlappen abgetrennt, die nicht verwendet werden.

Sie können den Schlachtkörper auch in kleine Stücke zerlegen. Lösen Sie zuerst die Keule und dann die beiden Vorderläufe ab. Der Rücken wird im hinteren Teil in Höhe der Keulen abgetrennt und vorne bei der ersten Rippe vom Hals gelöst. Zum Schluss schneiden Sie die Pfoten von den Keulen.

Die einzelnen Stücke können Sie wie folgt verwenden:
- Braten – Rücken und die Keulen
- Ragout – alle übrigen Teile

DELIKAT

Das helle Fleisch von Kaninchen neigt zwar etwas zum Austrocknen, aber beispielsweise in Wein und Gewürzen geschmort liefert es ein köstliches, leichtes Gericht.

Kaninchenbraten ist eine Delikatesse auf den Kanarischen Inseln.

Wursten

Wurst wird aus Kaninchenfleisch nicht hergestellt. Es ist aber sehr gut zur Zubereitung feiner Pasteten geeignet. Diese Pasteten können einfach oder sehr exquisit ausfallen, je nachdem, ob Sie Champignons oder edle Trüffel dazu verwenden. Die feine Würzung mit Majoran und Thymian oder mit Zitrone und Madeira entscheidet ebenfalls über den Geschmack dieser festlichen Speise. Das etwas zur Trockenheit neigende Kaninchenfleisch wird, wie es sich schon bei der Herstellung von Ziegenwurst bewährt hat, am besten mit anderen Fleischsorten gemischt. Gut dazu geeignet sind Schweinefleisch (vor allem Leber und Speck), aber auch Kalbfleisch.

KANINCHENPASTETE MIT CHAMPIGNONS

STERILISIEREN
Falls Sie die Pastete in Gläser füllen, werden diese zur Haltbarmachung bei ca. 80 °C im Wasserbad oder im Backrohr sterilisiert (siehe Seite 33 oben).

1,75 kg Kaninchenfleisch
750 g durchwachsener Schweinespeck
500 g Schweineleber
3 Zwiebeln
90 g Butter
1 kleine Dose Champignons
69 g Salz
6 g gemahlener weißer Pfeffer
1,2 g Majoran
3 g Thymian
etwas Fleischbrühe

Zubereitung

1 Das Kaninchenfleisch und den durchwachsenen Schweinespeck weich garen.
2 Die Leber kurz in heißem Wasser brühen, die Haut abziehen und die Leber in Streifen schneiden.
3 Das Kaninchenfleisch zusammen mit dem Schweinespeck und der Schweineleber zweimal durch die feine Scheibe des Fleischwolfes drehen.
4 Die Zwiebeln in kleine Würfel schneiden und in der Butter glasig dünsten.
5 Die Pilze abtropfen lassen, würfeln und zusammen mit den Zwiebeln und den Gewürzen zur Fleischrohmasse geben.
6 Mit etwas Fleischbrühe zu einem homogenen Teig vermengen.
7 Abschmecken und in mittelgroße Därme oder Gläser füllen.
8 Die Würste oder Gläser bei ca. 80 °C eine Stunde lang garen lassen.

KANINCHENPASTETE MIT TRÜFFEL

1 großes Stallkaninchen	
50 g Schmalz	
250 g Kalbfleisch	
1 kleine Zwiebel	
850 g Rückenfett	
1,5 g Majoran	
3 g Basilikum	
Schale von 1/2 ungespritzten Zitrone	
2 Wacholderbeeren	
50 g Salz	
3 g gemahlener weißer Pfeffer	
3 Blätter weiße Gelatine	
50 g Trüffel	
2 cl Madeira	
1 cl Arrak	
3 Eigelb	

Zubereitung

1 Das Kaninchen zerlegen und sorgfältig enthäuten.

2 Das Fleisch mit dem Schmalz und der klein geschnittenen Zwiebel anbraten.

3 Das Kaninchenfleisch zusammen mit dem Rückenfett und dem Kalbfleisch garen, dabei Majoran, Basilikum, Zitronenschale und Wacholderbeeren mitdünsten lassen und mit Salz und Pfeffer abschmecken.

4 Einen Rückenstrang auslösen und in ca. 1 Zentimeter große Würfel schneiden.

5 Das restliche Kaninchen ausbeinen.

6 Mit dem Rückenfett und dem Kalbfleisch einmal durch die mittlere und einmal durch die feine Scheibe des Fleischwolfes drehen.

7 Den Bratensud durch ein Sieb passieren.

8 In dem Sud die Gelatine auflösen.

9 Die gewürfelten Trüffel, den Madeira und den Arrak hinzufügen und die Eigelbe in die inzwischen abgekühlte Flüssigkeit quirlen.

10 Die Eimasse über die Pastetenrohmasse geben und alles gut vermengen.

11 Zuletzt die Fleischwürfel unter die Pastetenmasse heben.

12 Die ganze Teigmasse in eine Form geben, mehrere Stunden kalt stellen und anschließend zügig verzehren.

EXOTISCH

Trüffel, Madeira, Arrak und Zitronenschale verfeinern diese Pastete und geben ihr eine fruchtig-exotische Note.

Kaltes Buffet

Feine Pasteten, wie die in den beiden Rezepten vorgestellten Kaninchenpasteten, sind eine vorzügliche Bereicherung für ein kaltes Buffet.

Schlachten und Wursten von Hausgeflügel

**Zum Hausgeflügel gehören Hühner, Trut-
hühner, Perlhühner, Enten, Gänse, Tauben
und Wachteln.**

Was ist Hausgeflügel?

Unter Hausgeflügel werden im Sinne der Tierschutz-schlacht-Verordnung vom 3. März 1997 Hühner, Truthühner, Perlhühner, Enten, Gänse, Tauben und Wachteln verstanden, soweit sie als Haustiere gehalten werden. Hähnchen und Puten sind die am häufigsten konsumierten Geflügelarten.

● Für alle oben genannten Tiere ist keine Schlachtvieh- oder Fleischuntersuchung erforderlich.

● Wer Hausgeflügel schlachtet, muss im Besitz einer Sachkundebescheinigung sein.

● Nach Anlage 3 zur Tierschutzschlacht-Verordnung muss auch Hausgeflügel vor dem Töten betäubt werden. Im Rahmen der Hausschlachtung geschieht dies üblicherweise mit einem Kopfschlag.

Vorbereitende Maßnahmen

● Die zu schlachtenden Tiere sollten am Tag vor dem Schlachten nur flüssige Nahrung bekommen, damit Kropf, Magen und Därme so wenig Nahrungsreste wie möglich enthalten.

● Für das Schlachten sollten Geflügelschlachtmesser, Schlachtstock, Schlachttrichter, Bunsenbrenner und, sofern benötigt, 15 bis 20 Liter 70 bis 80 °C heißes Wasser zum Brühen bereitgestellt werden.

● Am Tag vor der Schlachtung muss der Schlachtplatz gründlich gereinigt werden.

● Bei Geflügel ist die Salmonellengefahr besonders groß. Achten Sie deshalb auf peinliche Sauberkeit.

● Falls Sie Geflügel zu Wurst oder Pastete weiterverarbeiten möchten, sollten die für die Verarbeitung benötigten Gewürze überprüft und gegebenenfalls ergänzt werden. Nehmen Sie nicht die Gewürzreste vom letzten Jahr, sie dürften inzwischen an Würzkraft verloren haben. Nichts ist unangenehmer als wenn Ihnen während der Zubereitung Gewürze fehlen.

● Gefriertruhe oder Gefrierschrank sollten rechtzeitig geleert, abgetaut, gereinigt und wieder vorgefroren werden.

GEFLÜGEL
Die vorbereitenden Maßnahmen gelten für alle Geflügelarten gleichermaßen. Besonderheiten werden bei den einzelnen Geflügelarten vermerkt.

Schlachten von Hühnern, Poularden und Hähnchen

Die Hühner werden einzeln aus dem Käfig geholt und fest unter einen Arm geklemmt zum Schlachtplatz getragen, damit sie nicht mit den Flügeln schlagen und sich verletzen können. Das Flügelschlagen kann man auch dadurch verhindern, dass die Flügel der Tiere auf dem Rücken gekreuzt werden.

Durch einen Schlag mit demm Schlachtstock auf den Kopf wird das Huhn betäubt und danach sofort an den Füßen mit dem Kopf nach unten aufgehängt.

Mit dem Schlachtmesser wird die Hauptschlagader durchtrennt. Das kann auf zweierlei Weise geschehen:

1 Sie schneiden waagrecht an der weichen Stelle unterhalb des Ohres ein.

2 Sie durchtrennen die Schlagader mit einem Stich.

Hierzu wird das Geflügelschlachtmesser in den Schnabel bis zum Rachen geführt und dort die Hauptschlagader durchtrennt. Da das Huhn während des Ausblutens reflexartig mit den Flügeln schlagen kann und dadurch den Körper hin und her schleudert, muss der Kopf festgehalten werden.

SCHNABEL-SCHNITT

Dieser Schnitt erfordert einige Übung, hat aber den Vorteil, dass das Huhn durch den Schnabel ausblutet und das Gefieder nicht verschmiert wird.

Sie können das Flügelschlagen des Tieres ganz vermeiden, indem Sie es nach dem Betäuben mit dem Kopf nach unten in einen Schlachttrichter stecken und dann erst die Schlagader durchtrennen. In dem nach oben konisch zulaufenden Trichter können sich die Muskelreflexe nicht auswirken. Der Schlachttrichter wird an einer Wand oder an einem Pfahl befestigt.

Bevor das Huhn verarbeitet wird, muss es vollständig ausgeblutet sein. Restblut im Körper bedeutet, dass das Fleisch nicht appetitlich weiß und nur begrenzt lagerfähig ist. Nach dem Ausbluten wird das Huhn drei Sekunden lang in dem bereitstehenden heißen Wasser gebrüht. Beim Brühen wird es kräftig hin und her bewegt, damit die Haut auch unter dem Gefieder nass wird. Danach wird das Huhn auf ein Tuch gelegt und abgetrocknet.

Rupfen

Begonnen wird mit den großen Federn am Schwanz und an den Flügeln. Danach wird von hinten nach vorne gerupft. Bei der Brust muss sehr sorgfältig gearbeitet werden. Das Fleisch ist hier besonders zart und die Haut leicht verletzbar. Wird mehr als ein Huhn geschlachtet, können erst alle Hühner gebrüht und anschließend gerupft werden. Sie vermeiden dadurch, dass das Brühwasser immer wieder nachgewärmt werden muss. Die gebrühten Hühner schlagen Sie zum Abtropfen und Warmhalten in ein Tuch ein.

Nach dem Rupfen wird ein Fleischerhaken durch den Schnabel gezogen und das Huhn zum Auskühlen und Abtrocknen daran aufgehängt. Das Huhn darf nicht in die Sonne gehängt werden, da die Haut dort zu schnell austrocknet und ledern wird.

Nach dem Auskühlen werden die noch am Körper befindlichen Flaumfedern/Haare mit einem Bunsenbrenner abgebrannt.

Ausnehmen

Das ausgekühlte und abgetrocknete Huhn wird auf einen sauberen Tisch gelegt. Die Füße werden an den Gelenken, der Kopf am Hals abgetrennt. Die Fettdrüse am After wird herausgelöst. Nun wird der Hals an der weichen Stelle unterhalb des Kehlkopfes eingeschnitten und die Luft- und Speiseröhre herausgezogen. Beim Einschneiden muss vorsichtig gearbeitet werden, damit der Kropf nicht verletzt wird und auslaufende Nahrungsreste das Fleisch verschmutzen. Nun wird der Bauch von der Brust bis um After aufgeschnitten. Der Mastdarm wird mit dem After herausgetrennt. Dann werden die Eingeweide gelöst und die Därme zusammen mit Leber, Magen, Herz, Kropf sowie der Luft- und Speiseröhre herausgezogen. Hierbei darf die an der Leber befindliche Gallenblase nicht verletzt werden. Mit den Fingern wird jetzt die Lunge von den Rippenbögen gelöst und das zwischen den Rippenansätzen und Rückgrat angesammelte Blut mit den Fingern herausgedrückt. Als Letztes wird das Huhn kalt ausgespült und zum Abtropfen aufrecht in eine Schüssel gestellt.

WARM RUPFEN
Das Huhn muss sofort gerupft werden. Solange der Körper noch warm ist, sind die Poren der Haut geöffnet und die Federn lassen sich leicht lösen.

Verwendung in der Küche

Sofern es sich bei dem geschlachteten Huhn um ein abgelegtes, d. h. älteres Huhn handelt, kann das Fleisch nur als Suppenfleisch genutzt oder zu Frikassee verarbeitet werden. Jüngere Tiere sind sehr gut zum Braten oder Grillen geeignet.

Die Innereien wie Herz, Leber und Magen können entweder zusammen mit dem Fleisch oder gesondert als Extramahlzeit zubereitet werden. Der Magen muß vorbereitet werden. Er wird dazu an beiden Seiten aufgeschnitten und die Schleimhaut zusammen mit den Speiseresten entfernt. Bevor man die Innereien kochen oder braten kann, müssen sie gründlich kalt gespült werden. Soll das Huhn für längere Zeit aufgehoben werden, gibt man Herz, Leber und Magen in eine Plastiktüte und friert sie zusammen mit dem Huhn ein.

Schlachten von Puten

REFLEX
Da die Pute während des Ausblutens reflexartig mit den Flügeln schlagen kann und dadurch der Körper hin und her geschleudert würde, muss der Kopf festgehalten werden.

Beim Schlachten von Puten gibt es einige Besonderheiten, die vor allem das Rupfen betreffen.

Die für die Schlachtung vorgesehene Pute wird ruhig in eine Ecke des Stalles getrieben und so gepackt und aus dem Stall getragen, dass sie weder sich noch andere Puten durch Flügelschlagen verletzen kann. Am Schlachtplatz wird sie durch einen Schlag mit dem Schlachtstock auf den Kopf betäubt. Dann wird sie an jedem Fuß einzeln mit dem Kopf nach unten aufgehängt.

Nun wird die Hauptschlagader mit dem Schlachtmesser durchtrennt. Das können Sie auf zweierlei Art tun.

1 Sie schneiden waagerecht an der weichen Stelle unterhalb des Ohres ein.

2 Sie durchtrennen die Schlagader mit einem Schnabelstich. Hierzu wird das Geflügelschlachtmesser in den Schnabel bis zum Rachen geführt und dort die Hauptschlagader durchtrennt. Dieser Schnitt erfordert einige Übung, hat aber den Vorteil, dass die Pute durch den Schnabel ausblutet und das Gefieder des Tieres nicht verschmiert wird.

Sie können das Flügelschlagen ganz vermeiden, wenn Sie die Pute nach dem Betäuben mit dem Kopf nach unten in einen Schlachttrichter stecken und danach die Schlagader durchtrennen. In dem nach oben konisch zulaufenden Trichter können sich die Muskelreflexe nicht auswirken. Der Trichter wird an einer Wand oder einem Pfahl befestigt.

Bevor die Pute weiterverarbeitet wird, muss sie vollständig ausgeblutet sein. Restblut im Körper bedeutet, dass das Fleisch nicht appetitlich weiß wird. Zudem ist es nur begrenzt lagerfähig.

Rupfen

Nach dem Ausbluten muss sofort mit dem Rupfen begonnen werden, solange der Körper noch warm ist. Je kälter die Pute ist, desto schwerer lassen sich die sehr fest sitzenden Federn entfernen. Begonnen wird mit den großen Federn am Schwanz und an den Flügeln. Da Sie diese Federkiele kaum mit den Fingern fassen und herausziehen können, sollten Sie eine Zange zur Hilfe nehmen. Dann wird der übrige Körper gerupft. Es können dabei mehrere Federn auf einmal entfernt werden.

Wichtig ist, dass die Federn an der Brust besonders vorsichtig ausgerupft werden. Damit erreicht man, dass an dieser Stelle die zarte Haut nicht verletzt wird und die Pute schön und appetitlich aussieht.

Nach dem Rupfen wird ein Fleischerhaken durch den Schnabel gezogen und die Pute zum Auskühlen daran aufgehängt. Sie darf nicht an einen sonnenbeschienenen Ort gehängt werden, da die Haut schnell austrocknet und ledern werden würde.

Nach dem Auskühlen werden die sich noch am Körper befindlichen Federn/Haare mit einem Bunsenbrenner abgebrannt.

Wird mehr als eine Pute geschlachtet, und sollen die Puten gebrüht werden, sollten zunächst alle Puten geschlachtet und danach in einem Arbeitsgang gebrüht werden. Die gebrühten Puten müssen zum Abtropfen und Warmhalten in ein Tuch eingeschlagen werden.

ZANGE

Die Federn von Puten sitzen sehr fest und lassen sich mit der Hand nur schwer lösen. Nehmen Sie eine Zange zu Hilfe.

143

Ausnehmen

Beim Ausnehmen einer Pute wird so vorgegangen, wie bereits im Kapitel über Hühner, Poularden und Hähnchen beschrieben. Lassen Sie sich von den relativ großen Schlachtkörpern nicht irritieren.

Zum Ausnehmen wird die Pute auf einen sauberen Tisch gelegt. Die Füße werden an den Gelenken, der Kopf am Hals abgetrennt. Danach wird die Fettdrüse am After herausgelöst. Anschließend wird der Hals an der weichen Stelle unterhalb des Kehlkopfes eingeschnitten und die Luft- und Speiseröhre herausgezogen. Der Kropf darf dabei nicht verletzt werden, damit auslaufende Nahrungsreste das Fleisch nicht verschmutzen.

LAGERN

Die Pute muss nicht sofort ausgenommen werden. Sie kann bei Temperaturen um den Gefrierpunkt drei bis vier Tage gelagert werden.

Nun wird der Bauch der Pute vom After bis zur Brust aufgeschnitten. Der Mastdarm wird mit dem After ausgelöst. Mit der Hand wird in die Bauchhöhle gefasst, die Eingeweide werden gelöst und die Därme zusammen mit Leber, Magen, Herzen, Kropf sowie der Luft- und Speiseröhre herausgenommen. Hierbei darf die an der Leber sitzende Gallenblase auf keinen Fall verletzt werden. Platzt die Gallenblase doch einmal, dann kann von den Innereien nichts mehr verwendet werden. Mit den Fingern wird jetzt die Lunge von den Rippenbögen gelöst und das sich zwischen den Rippenansätzen und dem Rückgrat angesammelte Blut herausgedrückt. Als Letztes wird die Pute kalt ausgespült und zum Abtropfen aufrecht in eine Schüssel gestellt oder mit einem Band am Hals aufgehängt.

Verwendung in der Küche

Die Pute kann als ganzer Braten zubereitet werden. Wegen ihrer Größe sind dafür viele Esser nötig. Sie ist also ein idealer Festtagsbraten in großer Runde. In den USA ist der Putenbraten das traditionelle Gericht am Thanksgiving Day.

Es können aber auch die Keulen ausgelöst und einzeln gebraten oder gedünstet werden.

Aus der fleischigen, schieren Brust lassen sich sehr gut Schnitzel schneiden. Sie kann auch im Stück zu Braten verarbeitet oder geräuchert werden.

Wursten

Putenfleisch eignet sich sehr gut zur Wurstzubereitung. Es ist sehr kalorienarm und mager. Wurst aus Putenfleisch ist daher besonders gut geeignet bei Diäten und zur Schonkost.

PUTENWURST

2 kg Putenfleisch	
1 kg Schweineschulter	
60 g Salz	
3 g gemahlener weißer Pfeffer	
3 g Piment	
3 g Thymian	
2 cl Madeira	

Zubereitung

1 Das Putenfleisch entbeinen und zusammen mit der Schweineschulter erst durch die mittlere und danach durch die feine Scheibe des Fleischwolfes drehen.

2 Das Salz, den Peffer, Piment, Thymian und Madeira dazugeben und alles gründlich verkneten.

3 Abschmecken, die Wurstmasse in Schraubgläser füllen und eine Stunde in leicht siedendem Wasser garen lassen.

GEFLÜGELDIÄTWURST

1,2 kg Putenfleisch	
1 kg Hühnerfleisch	
300 g Kalbfleisch	
300 g mageres Schweinefleisch	
60 g Salz	
4,5 g gemahlener weißer Pfeffer	
3 g Senfkörner	
3g Kümmel	
1,5 g Zucker	
3 Eigelb	

Zubereitung

1 Das Fleisch von Pute, Huhn, Kalb und Schwein erst durch die mittlere und danach durch die feine Scheibe des Fleischwolfes drehen.

2 Die Gewürze, den Zucker und die Eigelbe dazugeben und die Masse gründlich durchkneten.

3 Die Rohmasse abschmecken und in Schraubgläser füllen.

4 Die Schraubgläser ca. 80 Minuten in schwach kochendem Wasser garen lassen.

5 Die Gläser abkühlen lassen und die Wurst alsbald verzehren.

FETTARM

Putenwurst ist fettarm und bekömmlich. Besonders schmackhaft wird sie, wenn das Putenfleisch mit anderen (mageren) Fleischsorten vermischt wird.

Schlachten von Gänsen

Die vorbereitenden Maßnahmen entsprechen den allgemeinen Angaben (siehe Seite 139).

Für das Schlachten von Gänsen ist es jedoch wichtig, den richtigen Schlachttermin festzulegen. Gänse erneuern alle sechs Wochen einen Teil ihrer Federn. Um sich beim Rupfen leichter zu tun, sollten Sie die Gänse schlachten, wenn sich die Tiere nicht in der Mauser befinden, sondern die Federn nachgewachsen sind.

MARTINIGANS
Gänse werden traditionell zumeist im Herbst, an Martini, geschlachtet und als Festtagsbraten verzehrt.

Die für die Schlachtung vorgesehene Gans wird ruhig in eine Ecke des Stalles getrieben und so gepackt und aus dem Stall getragen, dass sie weder sich noch andere Gänse durch Flügelschlagen verletzen kann. Das Flügelschlagen kann dadurch verhindert werden, dass die Flügel auf dem Rücken über Kreuz gelegt werden.

Auf dem Schlachtplatz wird die Gans durch einen Schlag mit dem Schlachtstock auf den Kopf betäubt und sofort mit dem Kopf nach unten in den Schlachttrichter gesteckt. Der Trichter wird an die Wand oder einen Pfahl gehängt.

Auf dem Kopf werden die Federn an der Fontanelle entfernt. Durch einen Stich mit dem spitzen, scharfen Schlachtmesser in die Fontanelle wird die Hauptschlagader durchtrennt. Der Kopf wird etwas angehoben, damit das Blut senkrecht abfließen kann und das Gefieder nicht verunreinigt wird.

Die Gans muss vollständig ausbluten, damit das Fleisch hell und gut lagerfähig wird.

Nachdem die Gans nach dem Ausbluten aus dem Schlachttrichter genommen wurde, wird der Kopf sorgfältig mit einem Tuch umwickelt, damit die Blutreste die wertvollen Daunen nicht beschmutzen.

Rupfen

Nach dem Schlachten muss sofort mit dem Rupfen begonnen werden. Je wärmer die Gans ist, desto leichter lassen sich die Federn entfernen. Das Rupfen kann auf verschiedene Arten durchgeführt werden.

Das Tier wird nach dem Ausbluten trocken gerupft. Das Rupfen erfolgt am besten im Freien oder in einer Scheune. Die Wannen werden im Halbkreis um den Rupfenden aufgestellt. Jeweils eine dient zum Aufnehmen der großen Federn, der mittleren Federn und der Daunen. Zuerst werden die großen Federn entfernt. Die Federn an den Flügelspitzen bleiben am Tier. Sie werden zusammen mit dem Flügel abgetrennt und ergeben einen ausgezeichneten Handfeger. Nach den großen Federn werden die Daunen auf der Brust gerupft und danach die mittleren Federn.

2 Die Gans wird zunächst in heißem Wasser für maximal drei Sekunden gebrüht. Durch das Brühen lassen sich die Federn besser lösen. Danach wird die Gans gründlich abgetrocknet, damit die Daunen und anderen Federn möglichst trocken sind. Das Rupfen erfolgt in der gleichen Reihenfolge, wie unter Punkt 1 beschrieben. Begonnen wird mit den großen Federn, dann kommen die Daunen und die mittleren Federn.

3 Die Gans wird mit einem nassen Lappen abgedeckt und mit einem heißen Bügeleisen »gedämpft«. Dieses Verfahren hat die gleiche Wirkung wie das Brühen, ist nur schonender für die Federn. Um es richtig auszuführen, bedarf es einiger Erfahrung.

4 Sie lassen die Gans maschinell rupfen. Sicher gibt es in Ihrer Nähe einen Unternehmer, der Ihre Gans oder Gänse im Lohnauftrag rupft.

Nach dem Rupfen wird ein Fleischerhaken durch den Schnabel gezogen und die Gans zum Auskühlen aufgehängt. Sie darf nicht in der Sonne hängen, da die Haut dort zu schnell austrocknet und ledern wird. Durch das Aufhängen am Kopf sacken das Fleisch und das Fett nach unten. Die Gans sieht im Bauchbereich praller und schöner aus. Während des Auskühlens werden Rupfmängel, so genannte Spielen, entfernt und feine Haare mit einem Bunsenbrenner abgebrannt.

DAUNEN
Gänse liefern neben dem Fleisch die herrlich warmen und weichen Daunen für Kissen und Federbetten.

Ausnehmen

Zum Ausnehmen wird die Gans auf einen sauberen Tisch gelegt. Die Füße werden an den Gelenken, der Kopf wird am Hals abgetrennt. Die Fettdrüse am After wird herausgeschnitten. Als Nächstes wird der Hals an der weichen Stelle unterhalb des Kehlkopfes eingeschnitten und die Luft- und Speiseröhre herausgezogen. Der Kropf darf dabei nicht verletzt werden, da auslaufende Nahrungsreste das Fleisch verschmutzen können. Nun wird der Bauch vom After bis zur Brust aufgeschnitten. Der Mastdarm wird zusammen mit dem After abgetrennt.

Mit der Hand werden die Eingeweide in der Bauchhöhle gelöst und mit Leber, Magen, Herzen, Kropf sowie der Luft- und Speiseröhre herausgezogen. Hierbei darf die an der Leber sitzende Gallenblase nicht verletzt werden. Die bittere Gallenflüssigkeit würde alle betroffenen Teile ungenießbar machen. Sollte die Gallenblase trotz aller Vorsicht platzen, können Sie die Eingeweide nicht mehr verwerten. Betroffene Fleischstellen müssen sofort gewaschen werden. Nachdem die Därme entfernt sind, wird die Lunge mit den Fingern von den Rippenbögen gelöst und die sich zwischen den Rippenansätzen und dem Rückgrat gesammelten Blutgerinnsel werden herausgedrückt. Das Fett in den Bauchlappen wird entfernt. Man spült die Gans kalt aus und stellt sie zum Abtropfen aufrecht in eine Schüssel oder hängt sie mit einem Band am Hals auf.

Zum Schluss wird die Gallenblase von der Leber entfernt. Von den Innereien werden das Herz und der Magen abgelöst, aufgeschnitten, gereinigt und gewässert.

Verwendung in der Küche

FÜLLUNG
Herz und Magen können zum Füllen der Bratgänse genommen oder zu Wurst und Pasteten verarbeitet werden.

Die Gans kann ganz oder in Teilen (Keulen, Flügel, Brust) gebraten oder in Teilen in Sauer eingelegt werden. Die Brust kann entbeint, zusammengerollt und geräuchert werden. Diese Räucherspezialität ist in einigen Regionen eine Delikatesse.

Wurden mehrere Gänse geschlachtet, kann die Gänseleber als eigenständige Mahlzeit gebraten oder zu Gänseleberpastete verarbeitet werden.

Wursten

Gänseleber ist eine gesuchte Delikatesse, die sich auch sehr gut zu Wurst und köstlichen Pasteten verarbeiten lässt.

GÄNSELEBERWURST

1,25 kg Schweinebauch
1 Zwiebel
1,5 kg Gänseleber
250 g Gänseflomenfett
60 g Salz
4,5 g gemahlener weißer Pfeffer
1,2 g Majoran
9 g Zucker
1,5 g Muskatnuss
3 g Paprika

Zubereitung

1 Den Schweinebauch garen und zusammen mit der Zwiebel durch die mittlere Scheibe des Fleischwolfes drehen.

2 Die Leber zwei Stunden wässern und mit dem Flomen durch die feine Scheibe des Fleischwolfes drehen.

3 Schweinebauch, Leber und Flomen mit den Gewürzen gründlich vermengen, abschmecken und mithilfe des Füllaufsatzes in dünne Schweinedärme füllen.

4 30 Minuten in kochend heißem Wasser ziehen lassen (das Wasser darf nicht sprudeln) und in kaltem Wasser abkühlen.

5 Bevorzugen Sie Rauchgeschmack, können Sie die Wurst drei Tage lang kalträuchern.

MENGE

Die Zubereitung von Gänseleberwurst lohnt sich erst, wenn Sie mehrere Gänse geschlachtet haben und deren Lebern verwenden können.

Gänseleberwurst sollten Sie zu milden Brotsorten essen, damit sich der besondere Geschmack voll entfalten kann.

GÄNSELEBERPASTETE

EXZELLENT

Für eine Gänseleberpastete werden Leber, Schweine- und Kalbfleisch mit Gewürzen und edlen Zutaten verfeinert.

500 g Gänseleber
50 g Trüffel
125 g Schweineschnitzelfleisch
125 g Kalbsschnitzelfleisch
500 g Schweinerückenfett
1 kleine Zwiebel
1,5 g Majoran
1 g Thymian
1 Prise Salbei
4 Champignons
Schale von 1/2 ungespritzten Zitrone
500 g Rückenfett zum Auslegen der Pastetenform
4 EL Schweineschmalz
50 g Salz
1 cl Madeira

Zubereitung

1 Die Gänseleber 2 Stunden in Milch einlegen, damit sie zart bleibt.

2 Die Leber abtrocknen, häuten und in Scheiben schneiden.

3 Die Trüffel (frisch oder eingelegt) in feine, gleichmäßige Stifte schneiden.

4 Zwei Drittel der Leberscheiben mit den Trüffelstiften spicken.

5 Die restliche Leber, das Schweine- und Kalbfleisch sowie die ersten 500 Gramm des Schweinerückenfetts zweimal durch die feine Scheibe des Fleischwolfes drehen.

6 Die Zwiebel abziehen und würfeln.

7 Die Zwiebelwürfel zusammen mit Majoran, Thymian, Salbei, den geschnittenen Champignons und der Zitronenschale im Schmalz 10 Minuten lang kochen und anschließend salzen.

8 Den Sud durch ein Haarsieb gießen, mit Madeira abschmecken und die Hälfte der Flüssigkeit zur Pastetenmasse geben.

9 Ein fest verschließbares und hitzebeständiges Gefäß mit dünnen Speckscheiben auskleiden.

10 Im Wechsel eine Schicht Pastetenmasse und eine Schicht Gänseleberscheiben in das Gefäß geben.

11 Die Gänseleberscheiben werden mit der verbliebenen Hälfte des gewürzten Schmalzes übergossen.

12 Zum Abschluss die Pastete mit einer Lage Speckscheiben abdecken.

13 Das Gefäß fest verschließen und in eine Kasserolle stellen. Die Kasserolle mit Wasser füllen, bis das Pastetengefäß zur Hälfte bedeckt ist.

14 Bei 180 °C 75 Minuten im Backofen garen.

GÄNSESAUER

1 Gans
1,5 l Kräuteressig
1,5 l Wasser
1 Paket Sauerbratengewürz
75 g Salz
15 g Zucker
36 Blatt weiße Gelatine

Zubereitung

1 Das ganze Tier in einem Sud aus Kräuteressig, Wasser, Sauerbratengewürz, Salz und Zucker gar kochen (das Fleisch darf noch nicht von den Knochen fallen).

2 Die Gans aus dem Sud nehmen, die Keulen, Flügel und den Hals abtrennen und in eine Schale von ausreichender Größe legen, in der das Gänsesauer angerichtet werden soll.

3 Die Brust vorsichtig vom Brustbein und den Rippen lösen, einmal der Länge nach teilen und dann jedes Stück zweimal quer durchschneiden.

4 Die Stücke nebeneinander in die Schale legen.

5 Das restliche Fleisch vom Rücken lösen und zu den anderen Teilen geben.

6 Den Sud vorsichtig, damit der Bodensatz zurückbleibt, durch ein feines Sieb gießen.

7 Ist der gefilterte Sud noch heiß, können nacheinander die Gelatineblätter darin aufgelöst werden. Ist der Sud inzwischen erkaltet, werden 250 Milliliter davon genommen und erhitzt. Die Gelatineblätter werden darin aufgelöst.

8 Anschließend wird die Gelatinemischung mit dem restlichen kalten Sud verrührt, abgeschmeckt und über das Fleisch gegossen. Das Fleisch sollte mindestens einen Zentimeter bedeckt sein.

9 Kühl stellen und zügig verzehren.

GÄSTE

Einmal angebrochen, muss das Gänsesauer zügig verzehrt werden. Laden Sie sich viele Gäste zum Mitessen ein!

Lagern

Wollen Sie das Gänsesauer über längere Zeit aufbewahren, geben Sie das Fleisch in einen Steintopf und gießen den Sud wie beschrieben darüber. Nach dem Erkalten füllen Sie flüssiges Gänseschmalz zum Versiegeln auf das Gänsesauer. Die Schicht sollte zwei Zentimeter dick sein. Kühl gestellt ist das Gänsesauer etwa sechs Wochen haltbar.

GERÄUCHERTE GÄNSEBRUST

1 ausgebeinte Gänsebrust
Salz nach Bedarf
1 Wurstband

Zubereitung

1 Die Brust kräftig von allen Seiten mit Salz einreiben und fest zu einer Rolle zusammendrehen. Die Haut muss dabei nach außen zeigen.

2 Um die Rolle wird in einem Abstand von einem Zentimeter das Wurstband sehr fest gebunden.

3 Die Gänsebrust wird in eine Schüssel gelegt und für vier Tage zum Pökeln an einen kühlen Ort gestellt.

4 Um zu verhindern, dass sich Hohlräume in der Gänsebrust bilden, wird sie dann sechs Tage lang zwischen zwei Brettern, die mit Steinen beschwert werden, gepresst.

5 Die so vorbereitete Gänsebrust wird anschließend noch 14 Tage lang kaltgeräuchert.

GEGENSÄTZE
Köstliche Gänsebrust und deftiges Gänseschmalz – zwei gegensätzliche Speisen, die uns die Gans liefert.

GÄNSESCHMALZ

Flomenfett einer Gans
1 kleine Zwiebel
100 g Schweineschmalz
1 Prise Salz
4 mittlere Boskopäpfel

Zubereitung

1 Das Flomenfett bei geringer Hitze zusammen mit der klein geschnittenen Zwiebel ausbraten.

2 Danach durch ein Sieb gießen und mit dem Schweineschmalz und der Prise Salz vermengen.

3 Von den Äpfeln die Blüten entfernen und mit dem Stiel nach oben in einen Topf stellen.

4 Das Gänseschmalz darüber gießen und die Äpfel darin garen lassen.

5 Das Gänseschmalz mit den weich gewordenen Äpfeln in eine Schüssel geben und erkalten lassen.

Fett zum Kochen

Mit Gänseschmalz und mit Schweineschmalz kann man vorzüglich kochen und braten. Die Kalorien dürfen Sie dabei aber nicht zählen!

Schlachten von Enten

Enten werden beim Schlachten wie Gänse behandelt. Die Federn finden im modernen Haushalt keine Verwendung mehr. Die Enten werden einzeln aus dem Stall geholt und so unter dem Arm getragen, dass sie nicht mit den Flügeln umherschlagen und sich verletzen können.

Auf dem Schlachtplatz wird jedes Tier durch einen Schlag mit dem Schlachtstock auf den Kopf betäubt und sofort mit dem Kopf nach unten in den Schlachttrichter gesteckt.

Auf dem Kopf werden die Federn an der Fontanelle entfernt.

Durch einen Stich mit dem scharfen, spitzen Schlachtmesser in die Fontanelle wird die Hauptschlagader durchtrennt. Der Kopf wird etwas hoch gehalten, damit das Blut senkrecht abfließen kann und das Gefieder nicht verunreinigt.

Die Ente muss vollständig ausbluten, damit das Fleisch appetitlich hell und gut lagerfähig wird.

Rupfen

Nach dem Schlachten muss sofort mit dem Rupfen begonnen werden. Je wärmer die Ente ist, desto leichter lassen sich die Federn entfernen.

Die Tiere werden nach dem Ausbluten in 70 bis 80 °C heißem Wasser durch kräftiges, mehrmaliges Eintauchen drei Sekunden lang gebrüht. Sie werden kurz abgetrocknet und gerupft. Begonnen wird bei den großen Federn, danach werden die Brust- und anschließend die restlichen Federn gerupft.

Nach dem Rupfen wird ein Fleischerhaken durch den Schnabel gezogen und die Ente zum Auskühlen daran aufgehängt. Sie darf nicht in die Sonne gehängt werden, da die Haut zu schnell austrocknen und ledern würde. Auch die Qualität des Fleisches würde darunter leiden. Während des Auskühlens wird die Ente noch einmal überprüft. Dabei werden Federreste und Federkiele entfernt sowie noch vorhandene Flaumfedern/Haare mit einem Bunsenbrenner abgebrannt. Federreste würden die weitere Verarbeitung und die Zubereitung von Gerichten behindern.

BEQUEM

Sie können die Ente auch maschinell rupfen lassen. Sicher gibt es in Ihrer Nähe jemanden, der Ihr Tier oder Ihre Tiere im Lohnauftrag rupft.

Ausnehmen

Enten werden wie Gänse ausgenommen. Der Hals wird an der weichen Stelle unterhalb des Kehlkopfes eingeschnitten und die Luft- und Speiseröhre herausgezogen. Der Kropf darf dabei nicht verletzt werden, damit das Fleisch nicht durch auslaufende Nahrungsreste verschmutzt wird. Als Nächstes wird der Bauch vom After bis zur Brust aufgeschnitten. Der Mastdarm wird zusammen mit dem After abgetrennt. Mit der Hand werden die Eingeweide gelöst und mit Leber, Magen, Herzen, Kropf und der Luft- und Speiseröhre herausgezogen. Mit den Fingern wird die Lunge von den Rippenbögen gelöst. Anschließend werden die Blutgerinsel, die sich zwischen den Rippenansätzen und dem Rückgrat angesammelt haben, mit den Fingern herausgedrückt. Die Ente wird kalt ausgespült und zum Abtropfen aufrecht in eine Schüssel gestellt.

Die Gallenblase wird vorsichtig von der Leber entfernt.

Verwendung in der Küche

Die Ente wird gewöhnlich ganz als Braten zubereitet. Sie kann auch wie eine Gans in Sauer gekocht werden. Die Innereien werden hauptsächlich zum Füllen von Entenbraten verwendet.

Wursten

ENTENPASTETE

2 kg Entenfleisch
1 kg durchwachsener Schweinespeck
6 Eier
60 g Salz
6 g gemahlener weißer Pfeffer
1,5 g Majoran

Zubereitung

1 Entenfleisch und Speck erst durch die mittlere, danach durch die feine Scheibe des Fleischwolfes drehen.

2 Die Eier und die Gewürze dazugeben und gründlich miteinander vermengen.

3 Abschmecken, in verschließbare Gläser füllen und diese zwei bis zweieinhalb Stunden kochen.

ENTENLEBERWURST

1,5 kg Entenleber	
1 kg Schweinebauch	
125 g Entenfett	
40 g Salz	
50 g Zwiebel	
1/2 TL Pfeffer	
1/2 TL gelbe Senfkörner	
1 g Majoran	
10 g Zucker	

Zubereitung

1 Die Entenleber überbrühen und abziehen.
2 Den Schweinebauch in 1 Liter Wasser garen.
3 In der heißen Fleischbrühe die Zwiebeln garen und durch ein Sieb gießen. Nur die Brühe wird weiter verarbeitet.
4 Das ganze Fleisch durch die feine Scheibe des Fleischwolfes drehen.
5 Fleischmasse, Brühe und alle Gewürze gründlich vermischen und abschmecken.
6 In Entenhälse oder dünne Schweinedärme füllen.
7 Die Würste 30 Minuten in 80 °C heißem Wasser ziehen lassen, in kaltem Wasser abschrecken, kühl servieren.

ENTENPAIN

450 g Entenleber	
150 g Schweinefett	
60 g Weißbrot	
125 ml Milch	
30 g Zwiebel	
50 g Fett	
50 g Parmesankäse	
3 Eier	
8 g Salz	
8 g gemahlener weißer Pfeffer	

Zubereitung

1 Die Entenleber überbrühen und die Haut abziehen.
2 Das Fett und die Leber durch die feine Scheibe des Fleischwolfes drehen.
3 Das Weißbrot in der Milch einweichen.
4 Die Zwiebel fein hacken und im Fett anbraten.
5 Den Parmesan reiben. Die Milch/Brotmasse zu den Zwiebeln geben, mit dem Eigelb und dem Parmesankäse vermischen, mit den Gewürzen abschmecken und das zu Schnee geschlagene Eiweiß unterheben.
6 Die Masse in eine gefettete Form geben, bei 180 bis 200 °C eine Stunde im Wasserbad im Backofen garen.
7 Den fertigen Pain auf einen Teller stürzen und mit Trüffelwürfeln garnieren.

FEIN
Besonders delikat ist ein Entenpain, wenn Sie es mit einer pikanten, mit Madeira verfeinerten, braunen Sauce servieren.

Anschriften der Bioland-verbände

Biolandbundesverband

Postfach 208
73002 Göppingen
Tel. 0 71 61/9 10 12-0
Fax 0 71 61/91 01 27

Biolandlandesverbände

Baden-Württemberg

Eugenstr. 21
72622 Nürtingen
Tel. 0 70 22/93 26 60
Fax 0 70 22/9 32 66 30

Bayern

Auf dem Kreuz 58
86152 Augsburg
Tel. 08 21/3 46 80-0
Fax 08 21/3 46 80 20

Brandenburg

Am Bahnhof 11
14848 Beeskow
Tel. 0 33 66/2 38 30
Fax 0 33 66/2 38 30

Hessen

Hintergasse 23
35325 Mücke-Ruppertenrod
Tel. 0 64 00/80 84
Fax 0 64 00/68 87

Niedersachsen

Riepholm 10
27374 Visselhövede
Tel. 0 42 62/23 06
Fax 0 42 62/44 85

Nordrhein-Westfalen

Im Hagen 5
59069 Hamm-Süddinker
Tel. 0 23 85/18 17
Fax 0 23 85/51 82

Rheinland-Pfalz/ Saarland

Rüdesheimer Str. 60–80
55545 Bad Kreuznach
Tel. 06 71/4 43 19
Fax 06 71/4 57 23

Schleswig-Holstein

Kieler Str. 26
24582 Bordesholm
Tel. 0 43 22/75 94-0
Fax 0 43 22/75 95 45

Literaturverzeichnis

August Aschauer, *Das deutsche Wurst- und Fleischerhandwerk*, Ernst Reinhardt, München, 3. Aufl., 1951

Gudrun Aichwalder, *Hausschlachten*, Leopold Stocker, Graz–Stuttgart, 1997

Danner/Stoll, *Bäuerliche Hausschlachtung*, Verlags Union Agrar, Klosterneuburg, 2. Aufl., 1995

Bernhard Gahm, *Hausschlachten*, Eugen Ulmer, Stuttgart, 3. Aufl., 1996

Elise Hannemann, *Kochbuch*, Brandus'sche Verlagsbuchhandlung, Berlin, 1918

Dr. med. h.c. Hedwig Heyl, *Das ABC der Küche*, Carl Habel Verlagsbuchhandlung, Berlin, 1926

Heinrich Keim, *Das Fachwissen des fortschrittlichen Fleischers*, Deutscher Fachverlag, Frankfurt a. M., 11. Aufl., 1989

Prändl/Fischer/Schmidhofer/Sinell, *Handbuch der Lebensmitteltechnologie – Fleisch*, Eugen Ulmer, Stuttgart, 1988

Elfriede Rosenberger, *Ernährungslehre*, Stam Verlag, Köln–München, 6. Aufl., 1996

Johanna Ruß, *Die Holsteinische Küche*, Verlag der Dürr'schen Buchhandlung, Leipzig, 24. Aufl., ca. 1890

Max Schöner, *Fleisch und Wurstwaren*, Max Schöner, 1937

Karl-Friedrich Schmidt, *Wurst aus eigener Küche*, Parey, Berlin–Wien, 5. Aufl., 1996

Willy Schmidt, *Das Fleischergewerbe in Wort und Bild*, Heinrich Killinger, Nordhausen, o. J.

Karl Ludwig Schweisfurth/Walter Baumgartner, *Ökologische Qualität im Fleischerhandwerk*, Deutscher Fachverlag, Frankfurt a. M., 1996

Impressum

© 1998
Ludwig Verlag in der Südwest Verlag GmbH & Co. KG, München

Alle Rechte vorbehalten. Nachdruck – auch auszugsweise – nur mit Genehmigung des Verlags.

Redaktion:
Margit Brand, Berit Hoffmann

Projektleitung:
Berit Hoffmann

Redaktionsleitung:
Dr. Reinhard Pietsch

Bildredaktion:
Ute Schoenenburg

DTP-Produktion:
Irmi Putterer, München

Illustrationen:
Nada Gotovac, München

Umschlag:
Hempel/Langkau, München

Produktion:
Manfred Metzger

Druck:
Weber Offset, München

Gedruckt auf chlor- und säurearmem Papier

Printed in Germany

ISBN 3-7787-3641-8

Bildnachweis

Alle Bilder stammen von Christian Kargl, München, außer: Image Bank, München: 106 (N.N.), 132 (Robert J. Herko); Kerth Ulrich, München: Titel/Fond u. Einklinker; Rees Peter, Köln: 87, 83, 123, 135; Tony Stone, München: 10 (Mark Joseph), 34 (Gary John Norman), 88 (Darrell Gulin), 116 (Jane Gifford), 124 (Christoph Burki), 138 (Peter Correz).

Hinweis

Das vorliegende Buch ist sorgfältig erarbeitet worden. Dennoch erfolgen alle Angaben ohne Gewähr. Weder Autoren noch Verlag können für eventuelle Nachteile oder Schäden, die aus den im Buch gemachten Hinweisen resultieren, eine Haftung übernehmen.

Anmerkung der Redaktion

Diesem Buch liegt die im Juli 1996 in Wien beschlossene und ab 1.8.1998 geltende Neuregelung der deutschen Rechtschreibung zu Grunde.

Über die Autoren

Herbert Feldkamp hat die Tradition der Hausschlachtung auf dem elterlichen Bauernhof kennengelernt. Er hat bereits zahlreiche Bücher zu den Themen Tradition und Ernährung geschrieben.

Annegret Weilandt emtstammt einem alten bäuerlichen Geschlecht. Krohnsdorf, deren Besitzerin sie ist, gehört seit 12 Generationen in direkter Linie ihrer Familie. Seit ihrer Heirat 1961 bewirtschaftet sie zusammen mit ihrem Mann und einem ihrer Söhne Gut Görtz, einen großen landwirtschaftlichen Betrieb in Ostholstein.

Sachregister

Rezepteregister